瞬決の極意！「交差法」完全本

“攻防一体”武術のクロスカウンター

総合武道研究会玄武館
岡部武央

BAB JAPAN

はじめに

まず、この本を手に取っていただきましてありがとうございます。

この本を手に取っていただいた皆様は、武術が編み出した攻防一体の最高等技術「交差法」に興味をお持ちで、おそらく何らかの武道・武術を実践されているのではないでしょうか。

本書は、武術専門誌『月刊秘伝』2022年8月号から2023年7月号で連載された「交差法真伝」全12回と特別編「脳波測定で解明する交差法の極意」を元に再構成し、書籍化されたものです。

本書執筆のきっかけは、前著『武術で勝つ瞑想法』が2021年8月に刊行された数日後に、BABジャパン企画出版部・森口敦氏より次回作執筆の打診をいただいたことです。

この時は次回作の具体的なテーマの指定はなく、私のほうで執筆したい内容があれば企画を出してみてほしいという段階でした。そこで企画テーマの候補として全部で16案を提出し、その中から森口氏が選ばれた企画が交差法に特化したものでした。前著のテーマ「武術的瞑想」の修練が大前提となった究極術理こそが「交差法」だと感じたからだそうです。

早速、3章分の原稿を書くと、『月刊秘伝』編集部の大塚義彦氏にもご検討いただき、連載終了後に書籍化することが決定したのです。

そして、連載開始から約1ヶ月後にNHK番組『明鏡止水～武のKAMIWAZA～』制作会社キュリアスプロダクションのディレクター・山崎正幸氏から『明鏡止水　四の段』にて嫡流真伝《ちゃくりゅうしんでん》中国正派拳法の交差法を披露してほしいと出演依頼をいただきました。これは、ちょうど連載が開始された『月刊秘伝』2022年8月号の巻頭インタビュー記事が『明鏡止水～武のKAMIWAZA～』プロデューサー・森脇雅人氏だったご縁もあると思います。

その後、2022年10月の収録を経て11月放送後の反響も追い風となりました。

本書では、日本武道と中国武術が融合された櫻公路一顱先生創始の嫡流真伝中国正派拳法の交差法の理合いと心法を、一つの柱としました。さらに、私がこれまでに学んだ武道・武術、格闘技にもあった同様の技術を紹介すると共に、私の体験談と見解も述べました。

読者の皆様が実践されている武道・武術の上達への一助になるようでしたら幸いです。

総合武道研究会玄武館　岡部武央

C O N T E N T S

第1章

交差法に特化した嫡流真伝中国正派拳法

武道・武術・格闘技の究極たる攻防一体のクロスカウンター

この度、交差法をテーマにした書籍を出させていただくことになりました総合武道研究会玄武館の岡部武央です。前著『武術で勝つ瞑想法』（ＢＡＢジャパン）では「心技体」の「心」と「体」を中心に執筆しましたが、今回は「技」が中心になります。

さて、読者の皆様は交差法と聞いて、それがどのような技術なのか、すぐにイメージできるでしょうか？　交差法とは、相手の攻撃に対して防御をしてから「１→２」のタイミングで反撃するのではなく、「１」のタイミングで防御と攻撃を同時に行う攻防一体の技術を指します。『月刊秘伝』２０１８年11月号で組まれた交差法特集では、『武術が編み出した究極のクロスカウンター』と冠されましたが、とても素晴らしいタイトルだったと思います。

日本の剣術には後の先、対の先、先の先があり、剣道、空手道、相撲、柔道等の現代武道にも影響を与えています。交差法は技術として後の先を主としており、正しい修練を行うことにより対の先、さらに真の意味での先の先が可能となっていきます。なお、ここでは「先の先＝自分から攻撃をする」という意味ではなく、「相手の意を感じて先を取り制する」状態と定義しています。

私が学んだ様々な武道・武術、格闘技にも交差法と同様の技術があり、太極拳の要訣「後発先至」、太氣至誠拳法（太氣拳）の神髄「差手《さして》」、小野派一刀流剣術の極意「切り落とし（円転の理）」、タイの国技・ムエタイの優れたカウンターテクニック、また中国散打にも、かつて諸外国や日本から参戦した選手たちが苦戦を強いられた巧妙な技術があります。本書では、各種武道・武術、格闘技の交差法と同様の技術を紹介しながら、その核心に触れていきたいと思います。

第1章では嫡流真伝中国正派拳法の交差法を紹介しますが、まずは私にはじめて交差法の威力を体感させてくださった、小林直樹先生（現・躾道館《びどうかん》首席師範）との出会いから述べていきます。

達人との出会いと立ち合い

はじめて小林直樹先生とお会いしたのは、今から33年前の1990年12月初旬で私が18歳の時でした。東京都北区の赤羽小学校体育館を訪問し、土曜日の夜の稽古を見学させていただくつもりでお待ちしていると、大分年季の入った黒のカンフー着と黒のカンフー靴を着用された小林先生（当時・大日本講武会中国拳法師範）が、「こんばんは」と大きな声で挨拶をされて館内に入ってきました。故・岩片勇治先生（大日本講武会空手道師範）から小林先生をご紹介いただいた後に、小林先生は「それでは、一緒に動きましょうか」と稽古にお誘いくださりました。

私は「見学に来たので、道着等を持ってきていませんが……」とお答えすると小林先生は「実戦（路上）の時は私服で動くことになるでしょ」と言われ、そのままマンツーマンでの稽古が始まりました。

太氣拳の立禅、続いて這《はい》をそれぞれ30分程行った後、小林先生が「組手の時、どのよう

著者がその実力に感銘し、入門を願い出た躾道館・小林直樹首席師範。櫻公路宗師と澤井健一宗師、二人の達人の薫陶を受けた稀有なる武人だ。

に動くのか見せてください」とおっしゃったので、突きのコンビネーションと蹴りも入れてのシャドーを行いました。小林先生は私の動きをジーッと観察されて、しばらくすると「はい、わかりました」と、両腕をダラリと垂らして正中線を晒《さら》した自然体の無構えになられました。そして、上半身をユラユラさせながら「どうぞ、掛かってきなさい」とおっしゃいました。

私は、「このオジサン、大丈夫かな？」と思いながら、左右の突きのコンビネーションで攻めていきましたが、攻撃が当たる前に小林先生の足刀が私の脇腹を捉えました。

今度は突きのコンビネーションから回し蹴りで攻めていくと、蹴りを放って片足立ちになったところに金的蹴りを決められました。三度目は蹴りから攻めていくと、再び金的蹴りを合わされ、続く小林先生の蹴りの連続攻撃で追い詰められました。

私は受け技には自信がありましたが、かろうじて防御するだけで精一杯でした。小林先生は蹴りの連撃を繰り出しながら、「受けない、受けない。受けている時間があったら攻撃をしないと」と言われました。

それまで、「一撃必殺の攻撃」「完璧な防御」「相手の攻撃をもらったとしても倒れない身体」の三位一体を目指して稽古をしてきましたが、小林先生との三度の立ち合いで自らの攻撃が一発も当たらず、未然に制されてしまったという現実に衝撃を受けると同時に、「やはり、達人はいたのだ！」という喜びと感動が湧き上がってきました。そして、私は小林先生に弟子入りを志願し、大日本講武会に入会させていただくことになりました。

嫡流真伝中国正派拳法の創始者であり、大日本講武会を開いた櫻公路一顱宗師。

交差法に特化した日中融合武術

小林先生が私を完封した武術こそが、大日本講武会開祖・櫻公路《さくらこうじ》一顱《かずたか》先生（1913〜1975）によって創始された嫡流真伝中国正派拳法です。櫻公路先生は幼年の頃より山口勇一朗師範に師事されて無雙直伝英信流《むそうじきでんえいしんりゅう》居合術を学び（錬士七段位）、22歳の時（昭和10年）に地図作製の任務を帯びて中国へ渡った際、湖南省岳州市外君在住の武術家である李宋援師に師事し、激しい稽古に励まれました。昭和20年、戦争の終結とともに帰国し、剛柔流と糸洲流の空手二流派、中村泰三郎先生より戸山流抜刀術、王樹金老師より九十九式太極拳を学ばれました。

また、琉球古武術の井上元勝《もとかつ》範士、甲賀流第14世・南蛮殺到流拳法・心月流手裏剣術師範の藤田西湖《せいこ》先生らとも交流を持ち、研究を重ねて大日本講武会を設立し、昭和37年5月に東京都北区赤羽に道場を開きました。学んだ武術それぞれの長所を取り入れて編纂し、大日本講武会の武術として体系化した「大日本兵法空手道」と「嫡流真伝中国正派拳法」を指導されました。

初歩にして極意「八級課程」

それでは、嫡流真伝中国正派拳法「八級課程」の三つの技を紹介します。私は小林先生から「八級課程は初歩でもあるが極意でもあり、最も難しい」と教わりました。

《攻撃側を甲、迎撃側を乙とする》

◎電光《でんこう》

①互いに立礼をしてから、甲は左足前の前屈立ち下段払いの態勢、乙は自然体の無構えで向かい合う。甲は後ろ足の右足を一歩前に進めながら、乙の水月に右中段追い突きを行う。

②乙は左足を左斜め前方に進めながら、甲の右中段突きを体捌きで躱し、戻る力を利用しながら右下突きを電光（肋骨最下端の急所）に決める。

③反対側も同様に行う。

まずは、ゆっくりと正確に行い、余裕があれば、乙に突きの速度と強度を上げてもらい、最終的には最大限の速度と強度で突いてもらうようにしていきます。

乙はゆっくりと正確に行う際に、ギリギリで見切る稽古として拳が腹に触れてから体捌きを行うようにし、倒せる間合いで技が決まるようにします。相手の攻撃をギリギリまで

嫡流真伝中国正派拳法

交差法に特化した日中融合の実戦武術

拳が触れてから躱す

電光

甲（右）は後ろ足の右足を一歩前に進めながら、乙（左）の水月に右中段追い突きを行う。乙は左足を左斜め前方に進めながら、甲の右中段突きを体捌きで躱し（①②）、姿勢が逆方向に戻る力を利用しながら右下突きを電光（肋骨最下端の急所）に決める（③）。

ゆっくりと正確に行う際は、拳が腹に触れてから体捌きを行うようにする。相手の攻撃をギリギリまで引き付けてこそ、交差法としての効果を最大限に発揮することが可能となる。

引き付けてこそ、交差法としての効果を最大限発揮することが可能となります。「肉を切らせて骨を断つ」という諺《ことわざ》がありますが、櫻公路先生は「骨を切らせて髄（命）を断つ」と言われたそうです。

また、櫻公路先生は心法として「相手に命を預ける（捧げる）」という言葉を残されています。自然体で正中線を晒した無構えからの交差法を体現するための助けとなる大変貴重な口伝だと感じています。

◎行違《いきちがい》

①電光の①に同じ。

②乙は左足を左斜め前方に進めながら甲の右中段突きを体捌きで躱し、右足を一歩前に進めながら甲の右中段突きの下から右手腕を差し入れて右足前の前屈立ちになり後肘当てを肩甲骨の急所に決める。

③反対側も同様に行う。

行違

乙は左足を左斜め前方に進めつつ甲の右中段突きを体捌きで躱し（①②）、右足を一歩前に進めながら甲の右中段突きの下から右手腕を差し入れて右足前の前屈立ちになり（③）、後肘当てを肩甲骨の急所に決める（④）。

◎雁下流《がんかながし》

①電光の①に同じ。

②乙は左足を左斜め前方に進めながら甲の右中段突きに右手首から右手甲で接触し体捌きで躱しながら、接点を切らずに戻る力を利用して右横肘当てを雁下（乳の下の急所）に決める。

③反対側も同様に行う。

雁下流

乙は左足を左斜め前方に進めつつ、甲の右中段突きに右手首から右手甲で接触して体捌きで躱しながら（①②)、接点を切らず、姿勢が逆方向に戻る力を利用して右横肘当てを雁下(乳の下の急所）に決める（③)。

①

②

③

一度触れたら接点を切らない

雁下流のポイントは、相手の突き手に接触した右手の接点を最後の肘当てまで切らないこと。さながら太極拳の推手のように、接点を通じて相手をコントロールしつつ急所に打撃を打ち込む。

交差法を自由攻防で体現する

嫡流真伝中国正派拳法の使用法では、八級課程から一級課程まで交差法を身につけるための対人稽古法として１００以上の技があります。攻撃側は空手道の前屈立ちの態勢から攻撃を行い、迎撃側は自然体の無構えで正中線を晒した態勢から体捌きを中心に攻撃を躱し、攻撃側の突きや手刀、蹴りが迎撃側に到達する前、または同時に迎撃側の技がピンポイントで急所を捉えて決まるようにします。

このような稽古を通じて交差法の理合い、呼吸と機（タイミング）、間合いを体得していきます。その後、自由一本組手から自由組手へと段階的に稽古を進めていき、最終的には自由攻防の中でも交差法を体現できるようにしていきます。

自由一本組手から自由組手へ至る課程は『武術で勝つ瞑想法』の第8章〜第10章に記述しましたので、合わせて参考にしていただければ幸いです。

次の章以降で、私が今まで学んだ武道・武術、格闘技の中の交差法またはカウンターテ

自由一本組手

約束なしの自由攻防で交差法を使う！

基本の型を習得したら、次は相手に自由に攻撃してもらい、それを交差法で制する段階へ。ここでは乙は無構えで対峙し（①）、甲が右のバラ手で目打ちを繰り出してきた瞬間、間合いを詰めて右腕で交差しつつ貫手を喉に突き刺している。乙の交差した右腕は攻撃と防御を同時に行っており、攻防一体を体現している。

クニックを紹介し技術解説しますが、交差法に特化されたものは私が知る限り嫡流真伝中国正派拳法だけです。

第2章

太氣拳の神髄「差手」

極真空手にも影響を与えた実戦中国拳法 太氣拳

太氣至誠拳法、通称・太氣拳のことをご存知でない方もいらっしゃると思いますので、少しご説明します。

澤井健一先生は１９３１年に中国に渡り、当時、国手と呼ばれていた意拳・大成拳創始人の王向齋《おうこうさい》先生と出会い、柔道五段・剣道四段・居合道四段と武道の腕前には自信がありましたが、立ち合いの結果、まったく歯が立たず、その場で弟子入りを決意されました。

しかし、外国人の弟子を持たない方針の王向齋先生に入門を拒否され、１週間入門嘆願を続けた末に、やっと弟子入りを許可されました。

以来、ひたすら稽古に励み、終戦後の１９４７年、王向齋先生の許可を得て、新たに太氣至誠拳法を創始し、日本に帰国されました。

道場を持たずに師の教えを守って自然の中で稽古することを主義とし、森の中で早朝より稽古に励み、優れた拳法理論と実力を慕った弟子たちだけに実戦中国拳法を伝えました。

太氣至誠拳法（太氣拳）の創始者･澤井健一宗師。極真空手をはじめ、様々な武道や格闘技に多大なる影響を与えた達人である。

澤井先生と極真空手創始者の大山倍達先生は親交があったため、極真空手にも影響を与え、極真出身で太氣拳を学ばれた代表的な方には現・宗家の佐藤嘉道《よしみち》先生、故・カレンバッハ先生、現・極真館会長の盧山初雄先生等がいます。

チャンピオン製造工場・城西支部長の山田雅稔先生と城南支部長の名伯楽、故・廣重毅《つよし》先生（最晩年に極真拳武會を設立）も立禅、這、揺等の太氣拳の鍛錬法を選手たちに行わせて、多くの名チャンピオンを育てました。

極真空手から派生した大道塾の格闘空手（現・空道《くうどう》）を学び、オランダのメジロジムでキックボクシングのトレーニングをした経験と太氣拳を学んだ経験を踏まえて比較すると、極真空手やオランダのキックボクシングの防御技には太氣拳からの影響が強く感じられます。

私は、最晩年の澤井先生に学ばれた小林直樹先生からマンツーマンで太氣拳を教えていただきましたが、小林先生の太氣拳は櫻公路一巓先生から学ばれた嫡流真伝中国正派拳法の交差法の理合いが活かされたスタイルで、私にとっては小林先生から太氣拳も学べたことはとても幸運だったと感じています。

また、二度だけですが、澤井先生の娘婿でもある佐藤嘉道先生にマンツーマンでご指導いただいたことがあります。2007年に小林先生の五段練士の免状を赤羽までお渡しに来てくださった際と、2012年3月に茨城県結城市のご自宅の敷地内に併設された道場におじゃました際です。

一度目は佐藤先生に棒捌きを中心にご指導いただいたのですが、「こんなに太氣拳は精妙だったのか！」と驚き、二度目は立禅、揺、這、練、探手、推手、蹴りの捌き、棒捌きとご指導をいただいて、まさに、太氣拳、現・宗家の名に相応しい御方だと思い、長年の修行により培われた内功と実力を認めざるを得ませんでした。

太氣拳の交差法「差手」は神髄であり、最も難しい技

差手《さして》について、澤井先生の著書『実戦中国拳法 太氣拳』から以下に引用します。

「迎手《むかえて》・払手《はらいて》・差手・打拳で構成されている練のうちで、最も難しいといわれているの

が差手である。この差手は形意拳・大成拳（意拳）・太氣拳の技の神髄といっても過言ではないだろう。相手が攻撃してきたとき、同時に自分も出て、防御すると同時に攻撃もするのである。これは、相手の隙を見て入るのではなく、相手が攻撃してきた瞬間、常に大胆に強く、そして速く入り、しかも自分の身体の防御もできていなければならない。また、一方の手は必ず、迎手、払手・打拳の動作の場合と同様で添手《そえて》となっている。このように差手を修得することは非常に難しいことである」

この澤井先生の文章は太氣拳の差手とは何か?を全て文章で説明されていると言っても過言ではないと思います。

もちろん、立禅、揺、這、練といった太氣拳の鍛錬法を地道に行うことが重要であることは言うまでもなく、澤井先生が言われたように樹木にたとえると枝葉が茂り、綺麗な花が咲くには根幹がしっかりしていないといけないと感じています。

拙著『武術で勝つ瞑想法』の第2章で站椿《たんとう》（立禅）、第3章で摩擦歩（這）を紹介しましたので、そちらも参考にしていただけますと幸いです。

佐藤嘉道先生をはじめ、直接、澤井先生に教えを受けられた先生方を差し置いて、私が太氣拳について説明することはおこがましいのですが、これから、本題である太氣拳の差手を交差法の観点から解説させていただきます。

本来は、自由組手や試合等の自由攻防において手に任せて自然に出た技が本当の技と言えますが、あえて、こういう技もあるという形で紹介します。

様々な攻撃に対する差手

《攻撃側を甲、迎撃側を乙とする》

1、ストレートに対しての差手

①甲乙共に左足前の構えで向かい合い、乙は開手で手の平、指先のセンサー（触覚）を活かして手に任せるようにする。
②甲は右ストレートで乙の顔面を攻撃する。乙は前に出ながら左前腕部掌側で甲の右スト

ストレートに対しての差手

甲（右）は右ストレートで乙（左）の顔面を攻撃する。乙は前に出ながら左前腕部掌側で甲の右ストレートを制し（①②）、滑らせるようにして甲の顔面に左拳で迎撃する（③）。④は拡大図。乙は差手を行う際に、腕に余分な力が入ってしまうと攻撃してきた甲の腕とぶつかってパンチを入れられるので気を付けること（×印）。

レートを制し、滑らせるようにして甲の顔面に左拳で迎撃する。乙は差手を行う際に、腕に余分な力が入ってしまうと攻撃してきた甲の腕とぶつかってしまうので腕に余分な力が入らないように気を付けて、差手で迎撃する側と反対側の手腕は甲の二打目に備えて添手になるようにする。

2、ストレートに対して差手で接触し、崩してからの掌打

①甲乙共に左足前の構えで向かい合い、乙は開手で手の平、指先のセンサーを活かして手に任せるようにする。

②甲は右ストレートで乙の顔面を攻撃する。乙は左手腕と左足前の状態から右手腕と右足が前に出ながら甲の右ストレートに対して右掌を自身の顔に向け左手を右前腕部に添えた差手で接触し上方に崩しを入れた途端に、左右の足を入れ換えながら、右手腕で甲の右腕を下方に崩して右手首を把握し、左掌打で甲の顔面に迎撃する。この際も、肩腕主導で行おうとすると上手くいかないので、体幹部（肚脇）主導を心掛けて全身が協調するように行う。

ストレートに対して差手で接触し、崩してからの掌打

甲（右）は右ストレートで乙（左）の顔面を攻撃する。乙は左手腕と左足前の状態から右手腕と右足が前に出ながら、甲の右ストレートに対して右掌を自身の顔に向け左手を右前腕部に添えた差手で接触し上方に崩しを入れた途端に（①②）、左右の足を入れ換えながら、右手腕で甲の右腕を下方に崩して右手首を把握し、左掌打で甲の顔面に迎撃する（③④）。

3、フックに対しての差手

①甲乙共に左足前の構えで向かい合い、乙は開手で手の平、指先のセンサーを活かして手に任せるようにする。

②甲は左フックで乙の顔面を攻撃する。乙は前に出ながら甲の左フックの内側から右前腕部尺側で接触し、滑らせるようにして甲の喉に右差手（指先）で迎撃する。この際も甲のフックに対して柔らかく接触し、ガツッとぶつからないように接点を切らずに攻防一体の技となるように行う。

フックに対しての差手

甲（左）は左フックで乙（右）の顔面を攻撃する。乙は前に出ながら甲の左フックの内側から右前腕部尺側で接触し（①②）、滑らせるようにして甲の喉に右差手（指先）で迎撃する（③）。④⑤は拡大図。この際も甲のフックに対して柔らかく接触し、ガツッとぶつからないように接点を切らずに攻防一体の技となるように行う。

4、前蹴りに対しての差手

①甲乙共に左足前の構えで向かい合い、乙は開手で手の平、指先のセンサーを活かして手に任せるようにする。

②甲は右前蹴りで乙の水月を攻撃する。乙は半歩または一歩前に出ながら、右手腕を斜めに下ろし右前腕部甲側で甲の右下腿部外側に接触し、接点を切らずに甲の背後を取り制する。また、右差手から迎手への変化も可能。

③反対側も同様に行う。甲は左前蹴りで乙の水月を攻撃する。乙は半歩または一歩前に出ながら、左手腕を斜めに下ろし左前腕部甲側で甲の左下腿部外側に接触し、接点を切らずに甲の背後を取り制する。この際に、乙の差手を行う反対側の左手は甲の前蹴りからの突きに備えて顔面を防御できるようにしておく。

前蹴りに対しての差手

甲（左）は右前蹴りで乙（右）の水月を攻撃する。乙は半歩または一歩前に出ながら、右手腕を斜めに下ろし右前腕部甲側で甲の右下腿部外側に接触し（①②）、接点を切らずに甲の背後を取り制する（④）。

また、右差手から迎手への変化も可能（⑤～⑧）。この際に、乙の差手を行う反対側の左手は甲の前蹴りからの突きに備えて顔面を防御できるようにしておく。

5、タックルに対しての差手

①甲乙共に左足前の構えで向かい合い、乙は開手で手の平、指先のセンサーを活かして手に任せるようにする。

②甲はタックルで乙をテイクダウンしようと仕掛ける。乙は半歩または一歩前に出ながら右前腕部尺側で甲の左腕を殺しつつ、左指先で甲の喉に差手で迎撃する。または打拳、差手から打拳に変化することも可能。タックルに対しての差手はタイミング（機）も非常に大事だが、接触した際に相手を制している状態になっていないとテイクダウンされてしまうので気を付けたい。

他にも太氣拳の攻防一体の技をご紹介したかったのですが、今回は差手のみに絞って紹介しました。

実際に、自由攻防の中で攻防一体の技を体現するには心技体の心と体の部分も大変重要で、心技体の三拍子が揃うことにより体現ができると思います。

タックルに対しての差手

甲（左）はタックルで乙（右）をテイクダウンしようと仕掛ける。乙は半歩または一歩前に出ながら右前腕部尺側で甲の左腕を殺しつつ（①②）、左指先で甲の喉に差手で迎撃する（③）。④は拡大図。または打拳、差手から打拳に変化することも可能。タックルに対しての差手はタイミング（機）も非常に大事だが、接触した際に相手を制している状態になっていないとテイクダウンされてしまうので気を付けること。

本章の最後に、佐藤嘉道先生よりいただいた扇子に直筆で揮毫された立合訓をシェアします。

立合訓　意放静　體大波　動妙敏

(心を静かに呼吸を整え　大海の大波のようにゆったり相手に迫り圧力をもって制し　ひとたび動に入れば氣を発し　滝を越えんとす鯉の如く変化する。)

第3章 ボクシングに活かせる交差法

プロボクサー 近藤明広選手と共に歩んだチャンピオンへの道

本章は、近藤明広選手（38歳・一力ジム）へ指導した交差法（攻防一体のカウンター）を中心にご紹介します。

近藤選手は２０２２年6月14日に後楽園ホールにて行われたＯＰＢＦ東洋太平洋スーパーライト級タイトルマッチに挑戦し、見事２ＲＴＫＯでチャンピオンの麻生興一選手に勝利して6年ぶりに戴冠されました。

以前より近藤選手には、肩腕主導、脚膝主導ではなく体幹部（肚脇）主導、深層筋主導で動けるようにする鍛錬法を伝授していました。

ちょうど、前述の試合2ヶ月前に発売された『月刊秘伝』２０２２年5月号に掲載された巻頭対談では、近藤選手に指導をさせていただくようになったきっかけから、当時のチャンピオン永田大士選手に挑戦した日本スーパーライト級タイトルマッチに向けての稽古内容、そしてディスティノ・ジャパン選手との試合に向けて近藤選手と行った稽古内容と交

『月刊秘伝』2022 年 5 月号で対談を行った著者と近藤明広選手。著者が指導した交差法を、近藤選手は自らのボクシングに取り入れている。

差法の技術を紹介しました。

残念ながら、ディスティノ選手の負傷欠場により試合は中止になってしまいました。しかし、急遽、井岡一翔選手のWBOスーパーフライ級タイトル防衛戦のセミファイナルで石脇麻生選手と8回戦を行うことになり、79―73×2、80―72の3―0大差の判定勝ちでランカー対決を制しました。その試合結果が評価されてOPBF東洋太平洋タイトルマッチが実現される運びとなったのです。

この試合の決定は、近藤選手の所属する■カジムにて行われた対談の際に朗報としてお聞きしました。

試合3ヶ月前なので、また一緒に稽古が十分に行えると考えていたのですが、私のほうも第3回総合武道交流演武大会、第1回富士山国際親善総合武道演武大会の開催準備に追われていて、近藤選手との稽古がなかなかできない状況にありました。

お互いの都合を合わせて、ちょうど試合1ヶ月前の5月14日に稽古を行う予定でしたが、突然、近藤選手がご友人のお見舞いに行かれることになり中止となりました。

そして、5月18日に近藤選手待望の第二子が無事に誕生されたと喜ばしいお知らせを聞き、試合前に一回は一緒に稽古ができると思いつつも実現できませんでした。

このような状況にもかかわらず、タイトルマッチ9日前の第3回総合武道交流演武大会に後輩の矢代明博トレーナーと今倉氏とご来場くださり、スパーリングとミット打ちを披露していただいたことにはとても感謝しております。演武大会の際に、交差法をボクシングに活用できるようにアレンジしたカウンターテクニックの一部を、近藤選手が自ら口頭で説明しながら披露してくださりました。

近藤選手は達摩四股の鍛錬と交差法をアレンジしたカウンターテクニックの練習を普段から取り入れて継続し、前回の試合前にも意識して交差法テクニックの練習をしていたとのことです。

さらに、身体の自然な動きに任せて、瞑想をしている時のように頭を楽にして動くイメージを大切にされています。

２０２１年12月の試合前に私と行った瞑想状態で戦うマススパーリング、２０２１年末の試合、対談の際に行った稽古を通じて大事なものをしっかりと吸収して実践されているところはさすがだと感じています。

タイトルマッチの舞台で実証された交差法と瞑想の力

タイトルマッチは会場の後楽園ホールで観戦し、『ダイヤモンドグローブ』で放映された映像でも2～3度観ました。

近藤選手は入場の際にとても落ち着いているように感じられました。ゴングが鳴ってからも対戦相手の麻生選手が前へ前へ出てきていましたが、焦らずに、ぶつからずに、押し返したり、いなしたりしながらのポジショニングが絶妙でした。接近戦でボディーブローを中心に的確なパンチを入れながら、交差法のテクニックも活かして、見事、2RTKOで勝利されました。

会場で観ていて、近藤選手のパンチの的確さと威力（重さ）、体幹部と下半身の安定度が麻生選手に比べて優れているように感じました。

日頃から達摩四股で腸腰筋を中心に肋間筋等の体幹部と下半身の鍛錬を怠らずに、交差法テクニックの技術練習と瞑想も取り入れて、瞑想状態で戦うイメージを大切にされている成果が感じられる試合内容でした。

もちろん、一力ジムの会長さんをはじめ、コーチ陣のご指導と近藤選手のご努力とご家族の支え、後援会の皆様の応援があって、6年ぶりに戴冠できたのだと思います。

また、近藤選手の一力ジム陣営は麻生選手がスロースターターなので短期決戦を挑み、作戦が成功したことも勝因の一つと言えるでしょう。

ボクシングに活かせるようにアレンジした交差法

それでは、近藤選手に指導させていただいたボクシングで活用できるようにアレンジした交差法の技術を紹介します。

《攻撃側を甲、迎撃側を乙とする》

1、左ジャブに対してヘッドスリップしながらの左ストレート

①甲乙共に左足前のオーソドックスで構えて向かい合う。

②甲は左ジャブで乙の顔面を攻撃する。乙は甲の左ジャブに対して前に出ながら少し右にヘッドスリップし、甲の顔面に左ストレートで迎撃する。

乙は頭部の一番強い髪の生え際のところで甲の左ジャブを受け、甲の左腕外側を前頭部から左側頭部を滑らせるようにヘッドスリップを行う。

この際に、骨盤の上に背骨、頭が乗るように体幹部主導で動き、頭頸主導にならないようにする。また、右のガードが下がらないように気を付ける。

2、右ストレートに対してヘッドスリップしながらの右ストレート

①甲乙共に左足前のオーソドックスで構えて向かい合う。

②甲は右ストレートで乙の顔面を攻撃する。乙は甲の右ストレートに対して前に出ながら少し左にヘッドスリップし、甲の顔面に右ストレートで迎撃する。

左ジャブに対して
ヘッドスリップしながらの左ストレート

乙（右）は甲（左）の左ジャブに対して前に出ながら少し右にヘッドスリップし、甲の顔面に左ストレートで迎撃する（①〜③）。乙は頭部の一番強い髪の生え際の所で甲の左ジャブを受け、甲の左腕外側を前頭部から左側頭部を滑らせるようにヘッドスリップを行う（④⑤）。これは第２章の「差手」を頭で行う形となる。

右ストレートに対して ヘッドスリップしながらの右ストレート

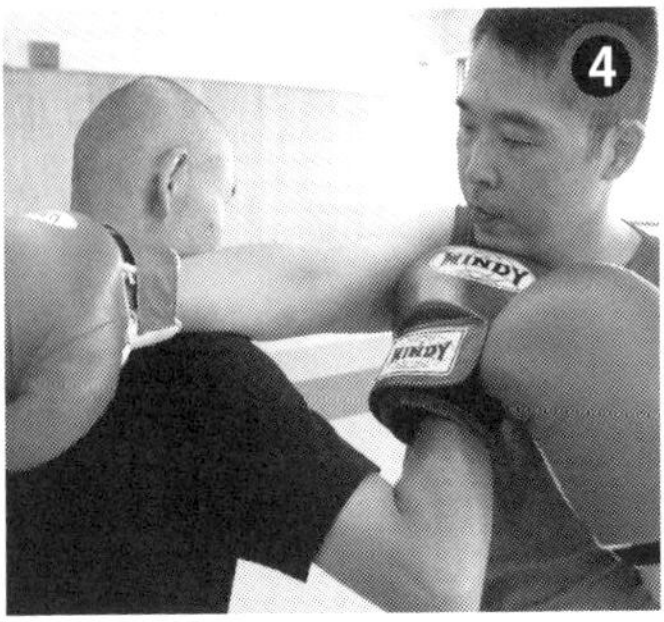

乙（左）は甲（右）の右ストレートに対して前に出ながら少し左にヘッドスリップし、甲の顔面に右ストレートで迎撃する（①〜③）。④は右ストレートを打ち込んだ瞬間の拡大図。乙は右肩も有効に使って、有利な体勢になっている。

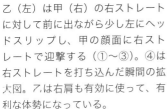

3、左フックに対して右フックのカウンター

①甲乙共に左足前のオーソドックスで構えて向かい合う。
②甲は左フックで乙の顔面を攻撃する。乙は前に出ながら甲の左フックの内側から右前腕部尺側で接触し、滑らせるようにして甲の顔面に右フックで迎撃する。
この際に、甲のフックに対して柔らかく接触し、ガツンとぶつからないように接点を切らずに攻防一体の技となるように行う。

4、左ジャブに対して右ストレートのクロスカウンター

①甲乙共に左足前のオーソドックスで構えて向かい合う。
②甲は左ジャブで乙の顔面を攻撃する。乙は前に出ながら前足の左足爪先を少し外に向け、後足の右足は半円を描くように最小の動きで体捌きを行い、右前腕部で甲の左ジャブを制し、滑らせるようにして甲の顔面に右ストレートで迎撃する。
乙は右ストレートを行う際に、腕に余分な力が入ってしまうと攻撃してきた甲の腕とぶつかってしまうので気を付ける。

左フックに対して右フックのカウンター

乙（右）は前に出ながら甲（左）の左フックの内側から右前腕部尺側で接触し、滑らせるようにして甲の顔面に右フックで迎撃する（①〜③）。この際に、甲のフックに対して柔らかく接触し、ガツンとぶつからないように接点を切らずに攻防一体の技となるように行う。④は右フックを打ち込んだ瞬間を反対側から見た拡大図。乙の右フックを繰り出す右腕が、そのまま甲の左フックに対する防御になっている。

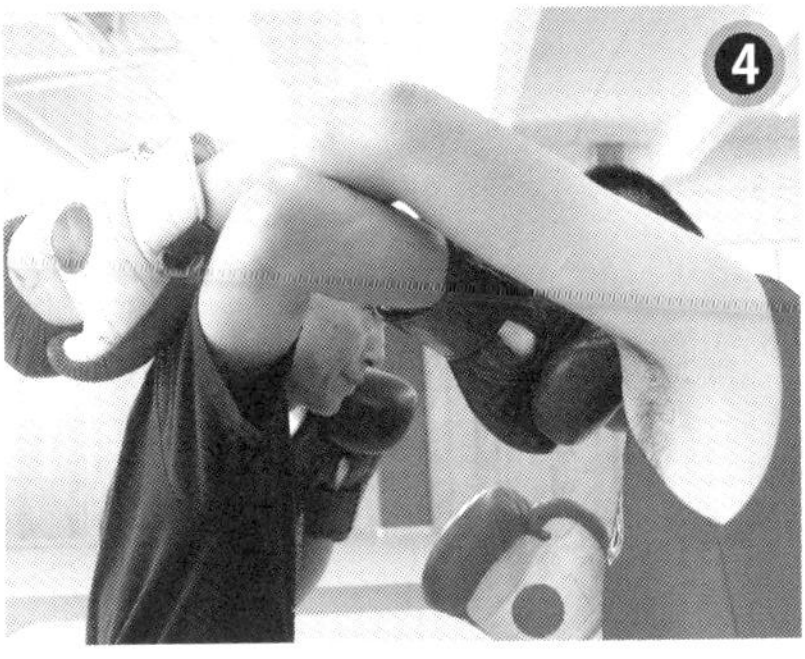

左ジャブに対して右ストレートのクロスカウンター

乙（右）は前に出ながら前足の左足爪先を少し外に向け、後足の右足は半円を描くように最小の動きで体捌きを行い、右前腕部で甲（左）の左ジャブを制し、滑らせるようにして甲の顔面に右ストレートで迎撃する（①〜③）。乙は右ストレートを行う際に、腕に余分な力が入らないように気を付ける。 また、甲の二打目に備えて右ストレートで迎撃する側と反対側のガードが下がらないように注意し、手と足がバラバラにならないように体幹部主導で動くように心掛ける。④は右ストレートを打ち込んだ瞬間の拡大図。ここでも乙の右腕が、そのまま甲の攻撃に対する防御になっている。

また、甲の二打目に備えて右ストレートで迎撃する側と反対側のガードが下がらないように注意し、手と足がバラバラにならないように体幹部主導で動くように心掛ける。

5、右ストレートに対して左ボディアッパー

①甲乙共に左足前のオーソドックスで構えて向かい合う。

②甲は右ストレートで乙の顔面を攻撃する。乙は前に出ながら左前方に上体を傾けて甲の右ストレートを躱し、甲のレバーに左ボディアッパーで迎撃する。

乙は甲の右ストレートを体幹部主導で上体を傾けて躱し、ボディアッパーを行う際に、体勢が低くなるので反対側のガードはテンプルも守れるように右側頭部に添える。

甲の右ストレートを躱す際に、ギリギリまで引きつけてカウンターのボディアッパーが最大限の効果を発揮するように、早く動き過ぎないように気を付ける。

右ストレートに対して左ボディアッパー

乙（右）は前に出ながら左前方に上体を傾けて甲（左）の右ストレートを躱し、甲のレバーに左ボディアッパーで迎撃する（①〜③）。乙は甲の右ストレートを体幹部主導で上体を傾けて躱し、ボディアッパーを行う際に、体勢が低くなるので反対側のガードはテンプルも守れるように右側頭部に添える。

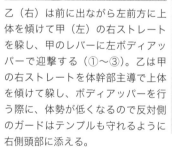

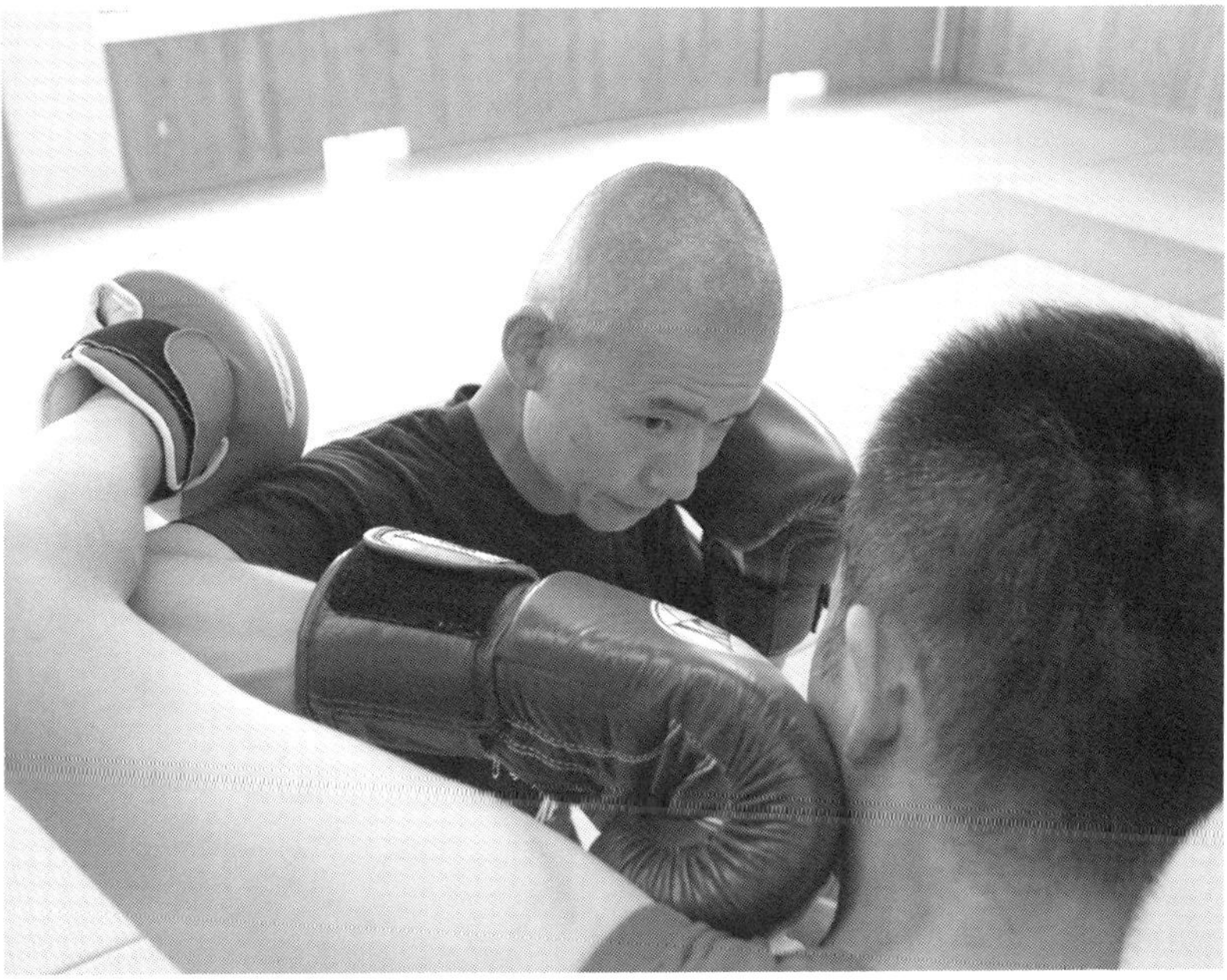

第4章 ムエタイのカウンターテクニック

500年の歴史を持つムエタイ

ムエタイは約500年の歴史を持つと言われています。現在の競技化されたムエタイは素手素足を主とする戦闘技法の古式ムエタイを源流とし、伝統的にはパフユッ（シャム拳法）という呼称で、インド南部のケーララ地方発祥の武術・カラリパヤットの素手武術＝パーフユッダが語源になります。

カラリパヤットが伝わって形成されたことから、伝説では『ラーマーヤナ』のラーマ王子を始祖としていますが、古式ムエタイがいつ興ったものかははっきりしていません。一説ではタイの関わった戦争や白兵戦の中で各民族の戦闘術と交わりながら徐々に発展していった素手素足の格闘技術が古式ムエタイの原型になっているようです。

現在の競技化されたプロのムエタイはパンチと蹴り、肘打ちと膝蹴り、首相撲を駆使して1試合5ラウンド／1ラウンド3分／インターバル2分／グローブとマウスピース、ファウルカップを着用しリング内で勝敗を決するルールを採用しています。

本場タイでムエタイの修行に明け暮れていた頃の著者。今もムエタイは著者の武術を構成する大切な要素の一つとなっている。

タイではムエタイを賭けの対象として観戦している人々も多く、試合の流れに賭けが行われていることが大きな影響を与えています。

タイの名門ソーワラピンジムで超一流選手たちと共に修行する

続いて、1994年1月末〜3月末までの2ヶ月間、バンコクの名門・ソーワラピンジムで、二度目のムエタイ修行をした時の体験談を述べたいと思います。このジムは、当時ラジャダムナンスタジアムフェザー級王者のラジャサック、IBF世界ボクシングミニマム級王者のラタナポン、その弟でタイ国ボクシングスーパーフライ級王者のラタナチャイが所属していました。

ムエタイとボクシングの両選手が所属するソーワラピンジムでの毎朝のロードワークは、ラタナチャイと一緒に数人で走っていました。一度だけ、ラタナポンに誘われて二人のみで一緒に走ったことがありますが、ペースが速くて、ついていくのがやっとでした。「ミニマム級と身体は小さいけれど、5度の防衛に成功しているボクシング世界王者のロードワークは凄いな」と思いました。

ラタナポンは同王座を通算で18度の防衛に成功し、全盛期には19度の防衛に成功した元WBA世界スーパーフライ級王者カオサイ・ギャラクシーにちなんで小型カオサイとも呼ばれていました。

ある日、私のトレーナーのロットさんが腰を痛めてしまい、ミットを持てなくなってしまいました。仕方なく、トレーナーとしての勉強に来られていた当時55歳の元プロボクサー小池孝典さんにお願いしてパンチングミットを持っていただきました。小池さんは帰国後に直心会格闘技道場を開設されて館長に就任し、後に、修斗第2代世界フライ級王者・生駒純司選手を輩出されました。

小池さんの帰国後は町田金子ジム所属の横山君にキックミットをもってもらい、対角線のオランダコンビネーションを行っていました。それを見ていた現役チャンピオンのラジャサックは対抗意識を剥き出しにして、いつも以上に本気でミット打ちを行い、どうだと言わんばかりでした。その後、ラジャサックの専属トレーナーから促されて首相撲をラジャサックと行いましたが、全く歯が立ちませんでした。

ソーワラピンジムはボクシング選手のみでも五人以上、ムエタイ選手は20人以上所属していて、私は毎日色々な選手と遜色なく首相撲を行っていましたが、ラジャサックはムエタイ9冠王のチャモアペット・ハーパラン選手に勝利した経験もあり別格でした。

また、一度ラタナチャイとボクシングのマススパーリングを行ったことがありましたが、さすがにタイのチャンピオンでとても上手く、互角に渡り合うとまではいきませんでした。その際、ボクシングのトレーナーがマスではなく本気のスパーリングを行うように促しましたが、ラタナチャイは当時70キロ近くあった私との体格差を考慮してか、頷きませんでした。

その10年後の2004年5月7日、ラタナチャイはWBO世界バンタム級王者クルス・カルバハル（メキシコ）に挑戦し、3—0の判定勝ちで王座を獲得しました。

私にとって、〝天を衝く膝蹴り〟ディーゼルノイ・チョータナスカン及び9冠王チャモアペットを輩出したハーパランジムと、ソーワラピンジムの二つの名門ジムでムエタイ修行ができた経験は大変貴重なものとなっています。

立ち技最強と呼ばれる所以

ここで、様々な武道・武術、格闘技を学んだ経験を踏まえて、「何故ゆえにムエタイは立ち技最強の格闘技と呼ばれるのか?」を私なりに考察してみます。

まず気候風土と国民性も影響していると思いますが、毎日朝夕合わせて長時間の練習をしているプロのムエタイ選手たちはリラックス、力の入れ抜きがとても上手だと思います。

それから、一日に30分以上首相撲を行うことにより、余分な力を使わずに相手を崩す技術と膝蹴りと肘打ちが放てる態勢に持っていくことに長けていて、膝蹴りと肘打ちの技術には卓越したものがあります。

また、防御技術もしっかりとしていて、木のチップの入ったサンドバッグを蹴って自然に鍛えられた脛や各部位を使用した蹴り技にも目を見張るものがあります。

さらに元ムエタイ王者等の経歴のあるトレーナーが持つミットトレーニングは、特定のコンビネーションを用いたものではなく、フリーでパンチ、キック、肘打ち、膝蹴りの攻撃を行い、さらにトレーナーの攻撃に対して防御をしてから攻撃を返したり、前蹴り、膝蹴りのカウンター、蹴り脚をキャッチしてからの攻撃、接近して首相撲からの膝蹴り、肘打ち等も行います。

これら全ての技術を駆使して戦うことが、ムエタイが立ち技最強の格闘技と言われる所以かと思います。

長い歴史の中で洗練されてきたムエタイのカウンターテクニック

それでは最後に、ムエタイのカウンターテクニックを紹介します。

《攻撃側を甲、迎撃側を乙とする》

1、テッサイ（左ミドルキック）に対してティープ（前蹴り）

①甲乙共に左足前のオーソドックスで構えて向かい合う。
②甲はテッサイで乙の右脇腹を攻撃する。乙は甲のテッサイに対して中足をしっかり返して甲の下腹部を捉え、左ティープで迎撃する。

乙はティープを行う際に、腸腰筋で引き上げて腸腰筋を利かせて甲のテッサイを阻止し、右手を額の前、左手を前に伸ばして甲のパンチに備えるようにする。タイミングがとても重要で、甲の起こりを捉えるようにする。

2、右ストレートに対してテンカオ（突き刺す膝蹴り）

①甲乙共に左足前のオーソドックスで構えて向かい合う。
②甲は右ストレートで乙の顔面を攻撃する。乙は甲の右ストレートに対して真っ直ぐ前に出ながら、左手で右ストレートを外側から内側に柔らかく払い、右手で首を制して鋭角に折り畳んだ右テンカオを水月に突き刺す。

テッサイ（左ミドルキック）に対して ティープ（前蹴り）

甲（左）はテッサイで乙（右）の右脇腹を攻撃する（①②）。乙は甲のテッサイに対して中足をしっかり返して甲の下腹部を捉え、左ティープで迎撃する（③）。

右ストレートに対して テンカオ（突き刺す膝蹴り）

甲（左）は右ストレートで乙（右）の顔面を攻撃する。乙は甲の右ストレートに対して真っ直ぐ前に出ながら、左手で右ストレートを外側から内側に柔かく払い、右手で首を制して（①②）、鋭角に折り畳んだ右テンカオを水月に突き刺す（③）。

乙はテンカオを腸腰筋で引き上げて腸腰筋を利かせて行い、左手腕は甲の右腕を制した状態を保つ。その後、肘打ち、首相撲、首相撲からの肘打ち、膝蹴りに繋げられるようにする。

3、右ストレートに対してテッサイ（左ミドルキック）

①甲乙共に左足前のオーソドックスで構えて向かい合う。

②甲は右ストレートで乙の顔面を攻撃する。乙は甲の右ストレートに対してスイッチしながら右足を右斜め前方に進め、甲の右脇腹にテッサイで迎撃する。

乙はテッサイで迎撃する際に、右斜め前方に歩を進めることにより甲の右ストレートの攻撃ラインを外して、右手腕のガードが下がらないように注意し、左手腕の振りを内旋させて甲の右ストレート、右ストレートから次の攻撃を遮るようにする。

体幹部（肚脇）主導、深層筋主導で動くように心掛け、体幹部と上肢と下肢が連動し、攻防一体となるようにする。

右ストレートに対して テッサイ(左ミドルキック)

甲(左)は右ストレートで乙(右)の顔面を攻撃する。乙は甲の右ストレートに対してスイッチしながら右足を右斜め前方に進め(①②)、甲の右脇腹にテッサイで迎撃する(③)。

4、右フックに対してのタッマラー（縦肘打ち）

①甲乙共に左足前のオーソドックスで構えて向かい合う。

②甲は乙の顔面を右フックで攻撃する。乙は甲の右フックに対して左足を前に進め、左手腕で甲の右フックを防御しながら左タッマラーで甲の顔面に迎撃する。

乙はタッマラーで迎撃する際に、腸腰筋から腹横筋の縦のラインを利かせて左足に右足がついてくるようにし、接近戦に備えて右手腕も上がってきて右側頭部から右顔面をガードする。

5、テッサイ（左ミドルキック）に対して左フック

①甲乙共に左足前のオーソドックスで構えて向かい合う。

②甲はテッサイで乙の右脇腹を攻撃する。乙は甲のテッサイに対して左足爪先を内に入れて前進しながら、左足が軸となり、右足が弧を描くように体捌きを行い、甲の右顎に左フックで迎撃する。

乙は体幹部主導で円の体捌きを行う際に、左右の歩幅が変わらないように注意し、右手腕は右側頭部から顔面をガードする。

右フックに対してのタッマラー(縦肘打ち)

乙（左）は甲（右）の右フックに対して左足を前に進め、左手腕で甲の右フックを防御しながら（①）、左タッマラーで甲の顔面に迎撃する（②）。

テッサイ（左ミドルキック）に対して左フック

甲（左）はテッサイで乙（右）の右脇腹を攻撃する。乙は甲のテッサイに対して左足爪先を内に入れて前進しながら（①②）、左足が軸となり、右足が弧を描くように体捌きを行い、甲の右顎に左フックで迎撃する（③）。

ムエタイはルールのある格闘競技ですが、長い歴史の中で洗練されてきた合理的なテクニックには、非常に武術的な要素も含まれています。

第5章

中国散打の側踹と摔法

中国武術から生まれた格闘競技

読者の皆様は中国の散打と聞いて、どのような印象をお持ちでしょうか？　アメリカではチャイニーズキックボクシングとも言われているようですが、パンチ、キック、投げを駆使して試合を行うので、日本では「シュートボクシングのようなものですか？」とよく聞かれることがあります。

散打とは、中国武術においてスパーリングや組手あるいは試合に類する行為のことを指し、散手とも言います。１９７９年より中国国内にて国家体育運動委員会と中国武術協会指導の下、ボクシングとレスリングの技術も含めて実験・検証を繰り返し、10年間の歳月を経て中国の拳法と摔跤《シュアイジャオ》が融合された現代散打の試合形式がほぼ確立されました。

１９８８年に中国深圳《しんせん》にて初の国際試合が行われ、１９９０年に設立された国際武術連盟（ＩＷＵＦ・２００２年正式にＩＯＣ承認競技団体となる）の主催で翌91年に北京にて第１回世界武術選手権大会が開催され、散打は武術（ＷＵＳＨＵ・日本では武術太極拳）

本場中国の散打のリングで激闘を繰り広げる著者。1998年の第1回世界散打搏擊選手権では、日本人初の64キロ級チャンピオンとなった（写真◎田中誠一）。

の競技として長拳、南拳、太極拳の套路三種目と共に実施されました。

その後、2年に一度開催の世界選手権は2019年中国上海で第15回大会が開催されましたが、コロナ禍の影響で第16回大会以降は延期されています。

また、2年に一度の散打ワールドカップ、4年に一度のアジア選手権、アジア競技大会(Asian Games)では散打が公式競技として実施されていますが、コロナ禍以降は各大会共に延期となっています。

オリンピック種目を目指している公式競技としての散打はヘッドギア、胴当て、グローブ、マウスピース、ファールカップを着用し、8メートル四方の擂台《らいたい》と呼ばれる試合場内で2分3R(1分インターバル)、2R先取制、KOありのポイント制でパンチ、キック、投げ技を駆使して勝敗を決します。

次に、もう一つのプロ的な興行としての散打について記させていただきます。1991年北京で開催された第1回世界武術選手権では中国の散打選手がほとんど冠軍(優勝)に輝いたのですが、世界から参加した選手の多くは散打の試合形式には不馴れで中国独自の技術に翻弄されました。

擂台から落ちたり、擂台上に手、肘、膝をついても減点という厳格なる立ち技ルールに適合する類似競技は少なく、世界的には全く普及していない競技であることが明白となりました。

中国は政治的事情から散打の有力選手のほとんどが公安、警察関係ということもあり、海外へ公に指導員を派遣するのは困難でした。しかし、散打は国際的な競技に成長する必要があり、実力を世界にアピールしなくてはならなかったのです。

そこで、「散打搏撃」という形式の異種格闘技戦が中国の経済特区・深圳で開催されることになり、中国の散打選手は世界の格闘家と戦うことになったのです。中国は世界に広がる華僑の人脈を利用して外国人選手を招請し、擂台をボクシングの公式リングに、肘膝&首相撲ありの散打とムエタイの折衷ルールを考案し、外国人選手にも試合が行いやすい条件を提示しました。

日本代表選手として中国で散打の英雄と戦う

1994年4月30日と5月1日に深圳にて開催された遠東国際散打搏撃拳王争覇賽で、私は中国の散打選手と初対戦しました。この大会には、中国と台湾、ベトナム、ポルトガルから散打選手、タイからムエタイのランカー、香港とマカオからムエタイ王者、韓国からキックボクシング王者、イタリアからサバット王者、そして日本からは遠東国際自由搏撃連盟日本代表の木本泰司先生と私が出場し、計10ヶ国からの参加がありました。

大会初日は開会式に出席し、中国の散打選手と各国の代表選手との試合を観戦しました。それで感じたことは、中国選手の遠い間合いから放つ側踹《そくたん》（横蹴り）と相手の攻撃に対して自分の間合いを保つためにカウンターとして用いる側踹、さらに相手の蹴り技をキャッチしてからの様々な摔法《しゅつほう》（投げ技）に目を見張るものがありました。

大会2日目のセミファイナルで、私は大会主催者・楊鋭氏（13年間無敗を誇った国民的散打英雄で第1回世界武術選手権・武術散手60キロ級王者）の実弟である楊金強選手

（1993年全国武術散手選手権70キロ級2位で摔跤王者）と70キロ級で対戦しました。

第1R最初に遠い間合いから放たれた側踹を胴体にもらい転倒してしまいましたが、その後は膝ブロックで遠い間合いからの側踹を一発ももらうことはありませんでした。また後々知ったのですが、散打の公式「遠踢近打貼身靠摔《えんてききんだてんしんこうしゅつ》（遠くから蹴って、近づいたら手による打撃、接近密着して、体当たりして投げる）」を駆使して楊選手は何度か仕掛けてきました。

近打も通常のストレートやフックの軌道とは違う、最終的に接近密着して投げるためのロシアンフックにも近い軌道のパンチで大変見えにくいものでしたが、一発ももらうことなく、接近密着してからの投げに対しても脱力して躱し、投げられることは一度もありませんでした。組み合っている最中、私は脱力しているので息が上がらないのですが、楊選手は必死に投げようとしているので呼吸音が聞こえてきて、息が上がっているのが感じられました。

しかし、擂台から落とすことに慣れている楊選手の前に出る力は、今まで同体重での対戦では味わったことがないもので、何度かロープに押し込まれましたから、もしリングではなく擂台での公式ルールだったら落とされていたかもしれません。

1R当初から、ソーワラピンジムで学んだ重心が五分五分のムエタイの構えからプレッシャーを与えてじりじりと前に出て、私の間合いにしようとしました。しかし、楊選手は下がりながら自分の間合いをキープし、手数は少ないものの、緊迫感のある状態が続きました。最終ラウンドの5Rにこのままではポイントで負けてしまうと思ったので、藤原敏男先生のフットワークを参考にした歩法を用いて、左ジャブから右ローキックを放つと楊選手の左大腿部外側に決まりました。

最後まで内容的にはほぼ互角でしたが、結果として楊選手の判定勝ちとなりました。楊選手の積極性と手数の多さが勝因となり、私的には勝負には勝ったけど試合には負けたという感じでした。私のこの試合でのテーマは「日本刀の切れ味と中国拳法の柔らかさ」の体現でした。

私は大会初日に中国選手たちの様々な摔法を観て、中間距離からの攻撃を自ら仕掛けていくと蹴り脚を取られて投げられると感じました。そこで完全な後の先で嫡流真伝中国正派拳法の交差法を元にした打撃で迎撃しようと試みたのですが、この時はまだ未熟で交差法を決めることができませんでした。

1998年の第1回世界散打搏撃選手権大会における楊金強選手との二度目の対戦につ

いては、拙著『武術で勝つ瞑想法』（ＢＡＢジャパン）の第10章に記しましたので、お読みいただければ幸いです。

拳法と摔跤が融合した巧妙な技術

それではここからは、中国散打の拳法と摔跤が融合した巧妙な技術を紹介します。

《攻撃側を甲、迎撃側を乙とする》

1、左ミドルキックに対して側踹

①甲乙共に左足前のオーソドックスで構えて向かい合う。
②甲は左ミドルキックで乙の右脇腹を攻撃する。乙は甲の左ミドルキックに対して腸腰筋で左脚を引き上げて足裏全体で甲の胴体を捉え、腸腰筋を利かせて左側踹で迎撃する。

左ミドルキックに対して側踹

乙（右）は甲（左）の左ミドルキックに対して腸腰筋で左脚を引き上げて足裏全体で甲の胴体を捉え、腸腰筋を利かせて左側踹で迎撃する（①〜③）。

乙は甲の起こりを捉えて側踹で出鼻を挫き、右拳で顔面を左前腕部で左脇腹をガードするように注意する。

2、右ミドルキックに対して勾踢《こうてき》

①甲乙共に左足前のオーソドックスで構えて向かい合う。
②甲は右ミドルキックで乙の左脇腹を攻撃する。乙は甲の右ミドルキックを下から左前腕部撓側でキャッチして上方へ、右手で甲の後頭部から頸部を捉えて下方に崩し、右足裏を甲の左外踝に当てて、右方向に回して投げる。乙は甲のミドルキックをキャッチした際に肘と上腕を使用して挟むようにし、攻防一体の一挙動で行う。

3、右ミドルキックに対して切別《せつべつ》

①甲乙共に左足前のオーソドックスで構えて向かい合う。
②甲は右ミドルキックで乙の左脇腹を攻撃する。乙は甲の右ミドルキックを下から左前腕部撓側でキャッチして上方へ、右手で甲の肩口、または右前腕部尺側を甲の胸に押し当てて前方に崩しながら、右足で甲の左軸足を刈る。

右ミドルキックに対して勾踢

乙（右）は甲（左）のミドルキックの蹴り足を下から左前腕部撓側でキャッチして上方へ、右手で甲の後頭部から頸部を捉えて下方に崩し、右足裏を甲の左外踝に当てて、右方向に回して投げる（①～④）。

右ミドルキックに対して切別

乙（右）は甲（左）の右ミドルキックを下から左前腕部撓側でキャッチして上方へ、右手で甲の肩口、または右前腕部尺側を甲の胸に押し当てて前方に崩しながら、右足で甲の左軸足を刈る（①〜④）。

4、左ミドルキックに対して溂《せん》

①甲乙共に左足前のオーソドックスで構えて向かい合う。

②甲は左ミドルキックで乙の右脇腹を攻撃する。乙は甲の左ミドルキックに対して、下から右手腕で甲の下腿を左手腕で甲の大腿を抱腿し、左肩で甲の股関節に靠《カオ》（体当たり）して180度回して投げる。乙は抱腿する際にしっかりと貼身して、靠しながら抱腿した甲の左下腿を手前に引くようにする。

5、ワンツーに対して下潜抱腿

①甲乙共に左足前のオーソドックスで構えて向かい合う。

②甲は左ジャブから右ストレートのワンツーで乙の顔面を攻撃する。乙は体勢を低くしながら甲のワンツーを躱し、左足を甲の両足の間に踏み込み、両手で甲の大腿部裏側を抱えて手前に引きながら、左肩で甲の腹部を前方に押して甲を倒す。

左ミドルキックに対して涮

乙（右）は甲（左）の左ミドルキックに対して、右手腕で甲の下腿を上から、左手腕で甲の大腿を下から抱腿し、左肩で甲の股関節に靠（体当たり）して180 度回して投げる（①〜④）。

ワンツーに対して下潜抱腿

乙（左）は体勢を低くしながら甲（右）のワンツーを躱し、左足を甲の両足の間に踏み込み、両手で甲の大腿部裏側を抱えて手前に引きながら、左肩で甲の腹部を前方に押して甲を倒す（①～⑤）。

中国武術の拳法と摔跤をベースに競技化された散打には、古伝少林拳の靠から摔に至る技と同様の技術もあります。

第6章

空手道の攻防一体技法

自らの武の原点である空手道

東京２０２０オリンピックにて追加種目として行われた伝統派空手競技の国際競技団体・世界空手連盟（ＷＫＦ）はスペインのマドリードに本部を構え、世界１９９ヶ国が加盟し、競技人口は世界で約７０００万人、日本では全日本空手道連盟が国内競技団体として承認され、競技人口は１２０万人いるそうです。

一説には、現在、世界の空手愛好家は約1億３０００万人いると言われていますが、国連人口基金の『世界人口白書２０２２』によると、２０２２年の世界の総人口は79億５４００万人で、世界の人口の約60人に1人が空手を行っていることになります。沖縄発祥の唐手が空手となり日本全国に、また、ＫＡＲＡＴＥとなって世界中にこれだけ広まったのは凄いことだと思います。

私にとって空手道は武道・武術の原点といってもよく、中学1年時より唯心会井上空手道場富士宮支部に1学年上の兄と共に入門し、高校からは本格的に毎日朝晩の稽古を行うようになり、高校2年時より清水の総本部道場にも通い、琉球古武術も併修しました。また、高校卒業後に上京してからも20歳まで、琉球古武術保存振興会東京総本部の稽古が行われている渋谷の蔵脩館に通い、空手と琉球古武術の稽古を継続しました。

私が最初に学んだ唯心会の空手を創始された井上元勝先生は、はじめに甲賀流忍術第十四世宗家・藤田西湖先生に総合武術を学び、藤田先生の師命により空手は小西康裕先生、琉球古武道は平信賢先生に師事されました。１９６９年に平先生より免許皆伝範士（第一号）の免状を授与され、１９７７年には小西先生より神道自然流空手術八段位を授与され、１９７９年日本空手道連合会の八段位となられた偉大な先生でした。

井上先生の功績の一つは平先生から「型の意味が自然と理解できるような技術体系を確立して欲しい」との師命を受け、8種の武器（棒・釵《サイ》・トンファー・ヌンチャク・鎌・鉄甲・ティンベー・スルジン）各々の使い方、基本組手、分解組手術と一連の技術体系を長年月かけて確立されたことです。

井上先生は「空手術、武器術のいずれに偏っても琉球武術の真の意義を悟ることは難しい。両者は互いに車の両輪のように密接な関係にあることを常に考えながら学ぶ必要がある。棒は総合、釵は手刀系、トンファーは裏拳・肘系、鎌は繰り手・掛け手系の鍛錬に良い」とおっしゃっていました。

私は高校1年の5月からの約1年間で全日本空手道連盟の静岡県大会に二度、清水市の大会に一度、高校組手の部で出場しました。静岡県空手道連盟会長を約10年、清水市空手道連盟会長を約20年間務めておられた井上先生が開会式の挨拶で毎回、「競技としての空手のみではなく、武道としての空手も稽古してください」とお話しされていたことが今でも心に残っています。

高校2年の9月に伊豆下田にて行われた琉球古武術保存振興会の合宿に初参加した際に、井上先生より競技（全空連の試合）と実戦の違いについて講義がなされました。

競技：一対一、時間に制限（ルール）あり、威力が必要なし、平坦な場所。

実戦：一対多数もあり、時間に制限（ルール）なし、威力が必要、平坦な場所とは限らない（岩場・ぬかるみ等）、相手が素手とは限らず武器を持っていることもある。

ビルマのインパール作戦から帰還された井上先生のお言葉には大変説得力があり、重みを感じました。

数多の猛者たちと共に稽古に励んだ日々

振り返れば、毎週水曜日の富士宮支部での空手道の稽古では皆川富男師範（現・富士宮支部長）と鈴木治彦師範にご指導いただき、隔週で清水の総本部からそれぞれ個性的で特徴のある新貝勝師範（現・小島支部長）、大川昌春師範（現・春清館支部長）、池ヶ谷英利師範が交代で指導に来られました。井上先生はひと月半に一度、三師範のお一人と一緒に来られて稽古を観てくださりました。

高校2年時から通った毎週木曜日の清水総本部にての琉球古武術の稽古では常に井上先生が観ている中で新貝師範、大川師範、志田均師範（前・清水支部長、現・静岡県武術太極拳連盟会長）、川崎博正師範（元・総本部事務局）、皆川師範、渡邊俊明氏（現・清水支部長）、横田秀穂氏（現・静岡支部長）、沖縄剛柔流の佐野幸雄氏、望月稔先生の養正館武道を修練されているボブ・ホフ氏等と一緒に稽古ができたことは本当に貴重な経験だったと感じています。

稽古は準備運動から始まり、棒術の五（構え）・五（受け）・五（攻め）の基本から十本組手、十五連動作、その後、各々のレベルに応じて分かれて各種武器術の基本、型、基本組手、分解組手等を行うという流れでした。

なかでも、十五連動作の受け側は連続で参加者全員の攻撃側の相手をするのですが、総本部の師範五人と他の先輩方も猛者ばかりなので大変緊迫感のある体力的にも厳しい稽古だったと記憶しています。

高校卒業後に東京へ上京すると同時に総本部が清水から東京へ移転し、東京総本部でも井上元勝先生が稽古を観てくださる中、様々な流派の空手を修錬されている方々と共に岡林俊雄師範（全空連公認八段位）と現会長の井上貴勝範士にご指導をいただきました。

さらに、２００８年６月より約２年間は、１９９４年と１９９６年の全日本空手道選手権大会個人組手王者・國分利人代表取締役の（株）強者に所属し、千葉・埼玉のフィットネスクラブの空手道教室計５ヶ所にて幼稚園生から高校生までの生徒さんを対象に講師を務めさせていただきました。

一緒にコンビを組んだメイン講師の先生方は全空連の空手で実績のある方々ばかりで、國分先生（現・会長）のお計らいがあったのではないかと思います。

また、同時期に週2回、秀明八千代高校・中学の空手部のトレーナーを務め、現在、国体や全日本選手権で千葉県の監督を務められている馬場秀和先生（元ナショナルチーム代表）の組手指導を拝見し勉強させていただきました。

武術として実用可能な空手道の攻防一体の交差法

それでは、武術としての空手道、琉球古武術の各種武器術、全空連の空手を学んだ経験を踏まえて空手道の攻防一体の技を紹介します。

《攻撃側を甲、迎撃側を乙とする》

1、右順突きに対して右順突き

①甲乙共に右足前のサウスポーで構えて向かい合う。
②甲は右上段突きで乙の顔面を攻撃する。乙は甲の右上段突きに対して体幹部主導で体を左斜め前方に捌き、右手腕で掌を上に向けて内から外に受けると同時に甲の顔面を右拳で突く。乙は右手腕で受け即攻撃を一挙動で行う際に左手で自身の中心を守り、次の攻防に備えるようにする。

2、左順突きに対して右順突き

①甲は左足前のオーソドックス、乙は右足前のサウスポーで構えて向かい合う。
②甲は左上段突きで乙の顔面を攻撃する。乙は甲の左上段突きに対して、体幹部主導で左足を右足の後ろに下げて掛け足立ちになりながら、右手腕で掌を上に向けて外から内に受けると同時に、右足を右斜め前方に前進させて甲の顔面を右拳で突く。注意点は1に同じ。

右順突きに対して右順突き

乙（右）は甲（左）の右上段突きに対して体幹部主導で体を左斜め前方に捌き、右手腕で掌を上に向けて内から外に受けると同時に甲の顔面を右拳で突く（①〜③）。④⑤は受けから突きの際の拡大図。

左順突きに対して右順突き

乙（右）は甲（左）の左上段突きに対して、体幹部主導で左足を右足の後ろに下げて掛け足立ちになりながら、右手腕で掌を上に向けて外から内に受けると同時に（①②）、右足を右斜め前方に前進させて甲の顔面を右拳で突く（③）。

3、右前蹴りに対して左追い突き

①甲は左足前のオーソドックス、乙は右足前のサウスポーで構えて向かい合う。

②甲は右中段前蹴りで乙の水月を攻撃する。乙は甲の右中段前蹴りに対して、左足を前進させると同時に右手腕で下段払いを行い、左追い突きで甲の顔面に迎撃する。乙は体幹部主導で全ての動作を一挙動で行い、肩腕手に余分な力が入らないようにする。

4、右逆突きに対して右逆突き

①甲乙共に左足前のオーソドックスで構えて向かい合う。

②甲は右中段逆突きで乙の水月を攻撃する。乙は甲の右中段逆突きに対して、左足を左斜め前方に進めながら左手腕で外から内に受けると同時に、右中段逆突きを水月に決める。

注意点は3に同じ。

右前蹴りに対して左追い突き

乙（左）は甲（右）の右中段前蹴りに対して、左足を前進させると同時に右手腕で下段払いを行い（①②）、左追い突きで甲の顔面に迎撃する（③）。

右逆突きに対して右逆突き

乙（左）は甲（右）の右中段逆突きに対して、左足を左斜め前方に進めながら左手腕で外から内に受けると同時に（①②)、右中段逆突きを水月に決める(③)。

右逆突きに対して右前蹴り

乙（右）は甲（左）の右中段逆突きに対して、左足を左斜め前方に進めながら左手腕で外から内に受けると同時に、右中段前蹴りを水月に決める（①〜③）。

5、右逆突きに対して右前蹴り

①甲乙共に左足前のオーソドックスで構えて向かい合う。

②甲は右中段逆突きで乙の水月を攻撃する。乙は甲の右中段逆突きに対して、左足を左斜め前方に進めながら左手腕で外から内に受けると同時に、右中段前蹴りを水月に決める。

注意点は3に同じ。

動禅とも言われる空手道の型には武術としての空手の技が内包されています。正しく型を錬ることにより、身体操作にも長け、分解組手を通して技と理合いを学び、空手道と琉球古武術を併修することにより奥深い術理にも気付けると思います。

第7章

交差法で読み解く九十九式太極拳

中国武術の実戦名人
王樹金が伝えた太極拳

２０２０年12月17日、「太極拳」はユネスコの世界無形文化遺産に登録されました。現在、世界の太極拳人口は約１５０ヶ国で約３億人、日本では約１５０万人の愛好家がいるといわれています。

１９２８年、中華民国の首都南京に国術（中国武術）の研究と優れた武術家養成のために、国民党政府によって発足された中国武術の全国的統一組織・国立南京中央国術館が設立されました。

九十九式太極拳は、１９３９年に南京中央国術館副館長に就任し、日中戦争の激化に伴い中央国術館が重慶市に移転した後の１９４１年に国術編審委員会の主任委員に選ばれた陳泮嶺先生が主となり編纂された太極拳です。

河南省出身の陳先生は１９１４年、北京大学に進学して土木工学を学ぶ傍ら、呉式太極拳の創始者となる前の呉鑑泉、楊式太極拳の創始者・楊露禅の孫の楊少侯に師事し楊式太極拳を学び、佟聯吉、劉彩臣、程海亭などから形意拳と八卦掌を学びました。また、1917年、天津市の北洋大学に編入した際に李存義の閉門弟子（生涯最後の正式な弟子）となり、形意拳に磨きをかけました。

1928年には南京中央国術館の設立を受け、有志を募って河南省国術館を設立させて館長職に就任し、武術の普及と教育にあたる一方、陳家太極拳の研究にも情熱を傾けて陳品三の『陳氏太極拳図説』の編纂・出版にも協力されました。

1949年1月、中国人民解放軍による北京市陥落によって国民党は台湾へ渡り、国民党員であった陳泮嶺先生もまた台湾へと亡命することになりました。渡台後、大陸で交友のあった河北省天津出身の王樹金老師（後に日本で初めて公式に中国武術の本格的指導を行った実戦名人）と台中にて再会を果たして意気投合し、内家三拳（太極拳・形意拳・八卦掌）のさらなる研鑽に努めました。

王樹金老師は自著「八卦連環掌」の中で「渡台後に陳泮嶺師兄に再会し、太極拳を学び、それは既に（張占魁より）習得していた『四連拳』に似ていた」とも明記されています。

九十九式太極拳は別名、双辺太極拳、陳泮嶺太極拳、中央国術館式太極拳、正宗太極拳、古伝統合太極拳とも呼ばれています。日本では1959年に王樹金老師が初来日してから合計21回に渡り、多くの方に教授されました。

王樹金老師は河北派形意拳の大家として知られる、八卦掌の開祖・董海川の最晩年の弟子でもあった張占魁に就いて関門弟子（最後の弟子）となり形意拳及び八卦掌を学び、張の紹介により１９３４年、意拳・大成拳創始人の王向齋から「大成拳樁法」を学びました。

１９３９年、張の薦めにより、当時天津にあった第一国術館の八卦掌教官・蕭海波に指導を受け、八卦秘掌を伝授されました。共産党による南京制圧間際の１９４９年には台湾へ渡り、台中市に「誠明国術館」（現在の「中華武術国際誠明総会」の前身）を設立しました。

１９６０年に陳泮嶺先生が設立した「中国太極拳倶楽部（台湾政府直轄の太極拳団体である中華民国太極拳総会の前身）」に韓慶堂や国民党・蔣介石の総統府侍衛隊の武術教官であり武壇国術推広中心代表だった劉雲樵らとともに参加されました。

王樹金老師の教授した門弟は多数に及び、現代においても日本の武道界に多大な足跡を残しています。

櫻公路一顱伝 九十九式太極拳

私の恩師・小林直樹先生が大日本講武會で九十九式太極拳を学んだ際に、「当時はビデオ等がない時代だったので祝嶺正献先生（玄制流空手道及び躰道の創始者）の演武写真をパラパラ漫画のように見て順番を覚えた」と話され、驚いたことを記憶しています。

また、私が小林先生に嫡流真伝中国正派拳法と太氣至誠拳法を学び始めたばかりの18歳の頃、杖道講習会で松井健二先生からご指導いただいた後、お弟子さんの運転する帰りの車中で「私も王樹金先生には相当な影響を受けた。神智学等も学ばないとだめだ」と話されたことが、とても印象に残っています。その約6年後、1996年9月〜1997年2月までの5ヶ月間、インドへ精神修養の旅に出た際にマドラス（現チェンナイ）南郊・アディヤールの神智学協会本部を訪問しました。

私が日々修行している太極拳は、王樹金→櫻公路一顱→小林直樹→岡部武央と伝承されたものに、私が学んだ様々な武道・武術、格闘技の経験を加味しています。櫻公路先生は、頭山満翁の次男・頭山泉氏が蒋介石に要請し、王樹金老師が1959年に初来日した際に、渋谷の金王八幡宮で楊進先生と、もう一人の方と三人で学ばれたそうです。

「後より発して先に至る」交差法を体現するために

九十九式太極拳の沿革はこのくらいにして、そろそろ本題に入りたいと思います。太極拳の要訣に「後発先至」という言葉があります。前著『武術で勝つ瞑想法』の第8章と第9章で「後発先至」をテーマにしました。

本書でご紹介する交差法、交差法と同様の技術、今回の九十九式太極拳の用法も含めて、「後から発して先に至る」には心技体の三位一体が兼ね備わることによって体現が可能だと感じています。

後発先至は太極拳の要訣の一つですが、意守丹田、氣沈丹田、尾閭中正、収臀提肛、円襠、鬆跨、鬆腰、沈肩墜肘、含胸抜背、虚霊頂頸、立身中正、上虚下実、上顎舌頂、用意不用力、虚実分明、内外相合、静中求動、動中求静、上下相随、連綿不断といった要訣を厳密に遵守・内観をしながら站椿功と太極拳套路を行い、推手と用法を行う際には捨己従人で内観もできていることが大変重要だと感じています。

実際に、相手が攻撃してくる際に氣沈丹田、沈肩墜肘、含胸抜背、虚霊頂頸、立身中正、上虚下実、捨己従人の状態で対峙し、自らが動く際にも用意不用力、虚実分明、内外相合、上下相随、連綿不断になっていないと後発先至の体現は難しいでしょう。

交差法の理合いで読み解く九十九式太極拳の用法

それでは、「交差法の理合いで読み解く九十九式太極拳の用法」をご紹介します。

《攻撃側を甲、迎撃側を乙とする》

1、右上段追い突きに対して単鞭

①甲はオーソドックス、乙は自然体の無構えで向かい合う。

②甲は右上段追い突きで乙の顔面を攻撃する。乙は甲の右上段追い突きに対して体幹部主導で左足を前方に進め、右手腕部甲側で甲の右前腕部に接触して鉤手で手首を把握すると同時に、左掌打で甲の顔面に迎撃する。乙は右鉤手で甲を引き込んで、左掌打で迎撃する際に前腕部で甲の腕を擦過しながら制するように行う。

2、右下段回し蹴りに対して摟膝拗歩《ろうしつようほ》

①甲はオーソドックス、乙は自然体の無構えで向かい合う。

②甲は右下段回し蹴りで乙の左大腿部外側を攻撃する。乙は甲の右下段回し蹴りに対して体幹部主導で左足を前方に進め、左前腕部で甲の右大腿部内側に接触し、左掌が外側になるように螺旋の動きを用いて防御をしながら、甲の顔面に右掌打で迎撃する。肩腕に余計な力が入らないように全身を協調させて、動作を攻防一体の一挙動で行う。

右上段追い突きに対して単鞭

乙（左）は甲（右）の右上段追い突きに対して体幹部主導で左足を前方に進め、右手腕部甲側で甲の右前腕部に接触して（①②）、鉤手で手首を把握すると同時に左掌打で甲の顔面に迎撃する（③④）。乙は接触した左膝で甲の右膝を制し、全身のバランスを崩している。

右下段回し蹴りに対して摟膝拗歩

乙（左）は甲（右）の右下段回し蹴りに対して体幹部主導で左足を前方に進め、左前腕部で甲の右大腿部内側に接触し、左掌が外側になるように螺旋の動きを用いて防御をしながら、甲の顔面に右掌打で迎撃する（①～③）。

3、左上段回し蹴りに対して扇通背

①甲はオーソドックス、乙は自然体の無構えで向かい合う。
②甲は左上段回し蹴りで乙の顔面を攻撃する。乙は甲の左上段回し蹴りに対して体幹部主導で左足を前方に進め、右前腕部で甲の下腿部前面に接触し、右掌が外側になるように螺旋の動きを用いて防御をしながら、甲の顔面に左掌打で迎撃する。注意点は2に同じ。

4、右上段追い突きに対して右蹬脚

①甲はオーソドックス、乙は自然体の無構えで向かい合う。
②甲は右上段追い突きで乙の顔面を攻撃する。乙は甲の右上段追い突きに対して、体幹部主導で右前腕部を用いて防御すると同時に、甲の水月に右踵で迎撃する。注意点は2に同じ。両手が同時に上がっていく際に半円を描くようにし、次の攻防に備えるようにする。

左上段回し蹴りに対して扇通背

乙（右）は甲（左）の左上段回し蹴りに対して体幹部主導で左足を前方に進め、右前腕部で甲の下腿部前面に接触し、右掌が外側になるように螺旋の動きを用いて防御をしながら、甲の顔面に左掌打で迎撃する（①～③）。

右上段追い突きに対して右蹬脚

乙（右）は甲（左）の右上段追い突きに対して、体幹部主導で右前腕部を用いて防御すると同時に、甲の水月に右踵で迎撃する（①〜③）。

5、左上段順突きに対して右踩脚

①甲はオーソドックス、乙は自然体の無構えで向かい合う。
②甲は左上段順突きで乙の顔面を攻撃する。乙は甲の左上段順突きに対して、体幹部主導で左手で手首、右手で下から肘を把握して引き込むと同時に、足裏と踵を用いて甲の膝を上から下に踏み下ろして膝関節を崩す。4の蹬脚も含めて、蹴りを行う際は片足立ちになるので足裏のアーチ（母指球から踵にかけての土踏まずのライン）にしっかりと乗るようにし、足裏、足甲、足首を緩めて地球と喧嘩しないようにする。

太極拳は動く瞑想、心身魂の健康に寄与する武術と養生（健康法）が融合した素晴らしいものです。要訣を遵守しながら套路を錬ることで高度な武術の鍛錬になり、推手や用法も含めて研究すると、さらに奥深いものを感じられます。各種鍛錬法、推手や用法にご興味がある方はＤＶＤ『内なる力で戦う』もご覧いただくと参考になると思います。

左上段順突きに対して右踩脚

乙（左）は甲（右）の左上段順突きに対して、体幹部主導で左手で手首、右手で下から肘を把握して引き込むと同時に、足裏と踵を用いて甲の膝を上から下に踏み下ろして膝関節を崩す（①～③）。

第8章

小野派一刀流剣術の極意「切り落とし」

小野派一刀流剣術の歴史

本章では、日本剣術を代表する究極のカウンターテクニックともいわれる小野派一刀流剣術の切り落としを紹介します。私は小野派一刀流の切り落としの鍛錬と形稽古（大太刀と小太刀）で理合いを学んだことにより、徒手空拳と武器術の交差法の理解が一層深まりました。

中条兵庫頭の中条流から鐘捲自齋、伊藤一刀斎の一刀流、そして小野派一刀流へと流れる系統は、近世剣術三大系統の一つであるばかりでなく、現代剣道の技術に最も影響を与えたようです。

一刀流の開祖・伊藤一刀斎には善鬼と神子上典膳《みこがみてんぜん》の二人の弟子がおり、一刀斎は二人に下総国の小金原（葛飾野）で真剣勝負をさせて「勝った者に一刀流を相伝する」ことにしました。そして、勝負に勝ち残った典膳に一刀流を継承させ、一刀斎の差料である瓶割刀を与えました。その後、神子上典膳は「小野次郎右衛門（忠明）」と名を改め、柳生新陰流の柳生宗矩と共に徳川将軍家剣術指南役として召し抱えられました。

一刀流は忠明以後、忠明の弟（実子とも）である伊藤忠也の伊藤派一刀流（忠也派一刀流）と、忠明の三男の忠常の系統とに分かれ、それを区別するために小野家の系統を継いだ忠常の派が小野派一刀流と呼ばれるようになりました。また、小野派一刀流には多くの弟子による様々な分派が存在し、中西派一刀流、北辰一刀流などが有名です。

現在、「小野派一刀流」という名称は、第5代の小野忠一から弘前藩主・津軽信寿に相伝された小野派一刀流、および中西派一刀流を大正時代に継承した笹森順造第16代宗家の系統により、商標登録されています。

笹森順造の息子でありキリスト教プロテスタントの牧師でもあった笹森建美第17代宗家が前述の系統の一刀流を伝えていましたが、２０１７年８月にご逝去され、同年10月、矢吹裕二師範が小野派一刀流宗家を継承し、第三代禮楽堂《れいがくどう》堂主に就任されました。

小野派一刀流剣術の系統についてはこのくらいにして、私が２０１２年１月から２０１４年４月までの約２年間、月に２回、大東流合気武道本部春風会主宰・石橋義久先生ご指導の下、兄弟子の深井信悟先生に小野派一刀流剣術の稽古を付けていただいた体験談をご紹介します。

小野派一刀流剣術「切り落とし」

打太刀（左）が真っ向に斬り下ろしてくる太刀に対して、仕太刀（右）は受けるでもかわすでもなく、ただ振りかぶって切り落とし、まるで相打ちになるかのように真っ直ぐに斬っていく。しかし、仕太刀は打太刀の剣の軌道に割り込んでいくように太刀を振り下ろすため、剣と剣が合わさった瞬間に打太刀の剣がはじかれ、仕太刀の剣が打太刀の正面を捉える(①〜⑤)。袈裟斬り、逆袈裟斬りに対しても同様に切り落とす。

①～④は打太刀側から、⑤～⑧は仕太刀側からの視点。小野派一刀流の極意「切り落とし」は、まさに剣術における攻防一体の交差法である。

大東流と小野派一刀流の達人
石橋義久師範に教えを受ける

石橋義久先生は1938年4月生まれで、2023年5月にご逝去されました。

1964年に北海道網走市の大東流合気武道総本部大東館に入門されて、武田時宗・宗家より大東流合気武道および小野派一刀流の指導を受けられました。1969年、近藤勝之先生（現・大東流合気武道真武館館長）、苫米地芳見先生（根岸流手裏剣術宗家）と共同で東京葛飾支部を設立し、初代支部長に就任されました。

大東流の指導と普及に尽力する一方で、小野派一刀流第16代宗家・笹森順造師に師事し、免許を授与されました。近年では、NHK番組『明鏡止水～武のKAMIWAZA～』で三人掛けをご披露されました。

私を小野派一刀流剣術の稽古に導いてくださったのは中国内家拳の恩師・深井信悟先生です。

2011年8月より、流山市民総合体育館（現・キッコーマンアリーナ）柔道場にて深

武田時宗伝大東流合気武道の伝承者である石橋義久先生。さらに笹森順造第 16 代宗家より、小野派一刀流剣術の免許を授与されている。

井先生が週に1回指導されている太極拳教室に約2ヶ月間参加した後、同年10月から月に2回、個人指導をしていただきました。

その後、深井先生には約5年間、個人指導していただき、楊家太極拳の要訣をはじめ、回族心意六合拳、山西派宋氏形意拳、禅密功、達摩四股、ボディバランス体操等を伝授していただきました。

ある時、深井先生が小野派一刀流剣術を石橋先生に教わっているとお聞きし、お二人の稽古を見学しました。

まず、切り落としを拝見して、かなり激しい稽古だと感じると共に「柳生新陰流の合撃《がっし》に似ていて、形意拳の崩拳と同じだな」と思いました。

小野派一刀流剣術の極意ともいわれる切り落としは、打太刀が真っ向に斬り下ろしてくる太刀、袈裟斬り、逆袈裟斬りに対して、仕太刀は受けるでもかわすでもなく、ただ振りかぶって切り落とし、まるで相打ちになるかのように真っ直ぐに斬っていきます。しかし、こちらからは相手の剣の軌道に割り込んでいくように太刀を振り下ろすため、剣と剣が合わさった瞬間に相手の剣がはじかれ、こちらの剣が相手の正面を捉える、というものです。

２０１２年1月からの初稽古では、切り落としを1時間、形稽古（大太刀50本）を1時間の計2時間の稽古をやり終えて、お二人から「初めてで、これだけできれば大したものだ」とお褒めの言葉をいただけました。

木刀が折れ、焦げる壮絶な稽古

素振り、切り落とし、形稽古を行う際、石橋先生からは「剣を振りかぶる時には切っ先を天に向けるように」「剣を切り落とす時には遠くの山を切るように」と、深井先生からは「親指と人差し指を遊ばせて、小指と薬指で軽く剣の柄を握るように」「切り落とした後に、切っ先を喉か左目に付けるように」とご指導いただきました。

小野派一刀流剣術の稽古を始めて半年以上が経った頃、石橋先生にお願いして大東流合気武道の稽古を見学させていただいたことがあります。その際に、石橋先生から「切り落としは思いっきり行うように。岡部さんの今まで培ってきた力はそんなものじゃないはずです」と発破を掛けていただきました。

石橋先生は、兄弟子の深井先生と私を競わせて鍛え上げようとしてくださっていたようです。深井先生との切り落としの稽古がさらに激しさを増してきて、木剣が折れてしまったり、稽古後に木剣を見ると焦げていたことがありました。また、深井先生から鍛錬用の八角棒とハンマーも頂戴して、体幹部主導で行う八角棒の素振りもご指導いただきました。

その後、稽古を継続していくにつれて、石橋先生から「肘が落ちる」と毎回、言われ続けました。太極拳には沈肩墜肘という要訣があり、肩を沈めて肘を落とすので、肘を落とさないで切り落としを行うことには大変な苦戦を強いられました。

隔週金曜日の15時～17時まで、深井先生が石橋先生に稽古を付けられ、私の稽古は17時～19時の時間帯でした。流山市総合運動公園内を徒歩で体育館へ向かう際に、近くまで来ると「カーン、カーン」と石橋先生と深井先生が切り落としを行っている音が響いてきて、「お二人共に稽古に励まれているな」と思いながら、「私の稽古はこれからだ」と気持ちが入ってゆくのでした。

到着後、石橋先生と深井先生に挨拶を済ませた後、お二人の稽古が終了するまでストレッチを行い、剣禅と素振りを行いながら、深井先生が行う切り落としを見取り稽古していました。

回族心意六合拳「鶏歩」

体重は後ろ脚に9割、前脚に1割の配分で大腿部内側の間に紙一枚をはさむように。後足の踵は浮かしているかいないかで、両足の爪先はできるだけ前に向けること。

深井先生の立ち方は回族心意六合拳の鶏歩となっていて、足を入れ換えながらの換歩も行っていたため、私も鶏歩で行い、換歩を用いるようになりました。

深井先生の鶏歩は後ろ脚に9割、前脚に1割の配分で大腿部内側の間に紙一枚をはさむように、後足の踵は浮かしているかいないか、両足の爪先はできるだけ前に向けます。

そして、深井先生の振りかぶって切り落とす剣は肩腕で振っておらず、体幹部主導で肚脇が利いていて、「ハラリ」と最後に尺屈(手首を小指側に曲げる動作)が行われて切っ先を喉か左眼に付けているのでした。

尺屈

切り落とす瞬間、「ハラリ」と最後に尺屈（手首を小指側に曲げる動作）を行うことで、切っ先がより深く相手に向かう（①②)。「切り落とし」は「切り落とし突き」である。

石橋先生いわく「上太刀を取るために、振りかぶった剣を切り落とす時には切っ先からいくように」「切り落としは切り落とし突きなのです」。

円天の理をもって肘が落ちることなく、放物線を描いて切っ先から切り落としができるようになるまでは非常に苦労しました。しかし、日頃鍛錬を行っている山西派宋氏形意拳の熊形基本功の一番のライン（腸腰筋、腹横筋、肋間筋、小胸筋、前鋸筋）が利いてくるようになり、肘が落ちることなく切り落としができるようになりました。

最後の3ヶ月間は、石橋先生直々に切り落としと形（大太刀50本）の稽古を付けていただいて、小野派一刀流剣術の大変貴重な稽古は終了となりました。

「切り落とし」から渾身剣へ

数年前に確認のため、久しぶりに切り落としの稽古を深井先生にお願いした際に、骨盤底筋群、腹横筋、腰方形筋、肩甲骨周りの深層筋群（棘上筋、棘下筋、肩甲下筋、小円筋、

山西派宋氏形意拳「崩拳」

小野派一刀流の極意「切り落とし」は徒手の技法にも通じ、特に山西派宋氏形意拳の「崩拳」と共通性が感じられる。三体式で構え（①）、相手が中段を突いてくるのに対し、その突き手を防御しつつ中段に拳を打ち込む（②～④）。⑤は打ち込んだ瞬間の拡大図。相手の突き手に自らの突き手を乗せるようにして打ち込む点が、切り落としの上太刀を取ることと同様となる。交差法においては、剣も徒手も同じ理合だ。

菱形筋等）と回族心意六合拳の鶏歩と弓歩で鍛錬される腸腰筋から内側広筋、内転筋、内側側副靭帯、腓腹筋、ヒラメ筋、足底筋膜までの繋がり等、全身が協調しての渾身剣となっていることが確認できました。

約2年間という短い期間でしたが、陳氏太極拳も修練されている石橋先生ご指導の下、毎日素振りを1万回行われている深井先生に稽古を付けていただいたことは、私の武道・武術人生に大きな影響を与えました。

第9章

武術と格闘技の融合を目指して

競技と武術の違いとは？

本章の始めに、武術、武道、格闘技について、私見も交えての考察をしてみます。

武術は、一対一のみでなく複数または多数の相手、お互いに武器を持っている場合と徒手の場合、一方が武器を持っていてもう一方が徒手の場合、ルールはなく時間無制限、階級制ではなく無差別、生死を前提として技術が構築されています。例えば、日本の古武道、中国の伝統武術、インドのカラリパヤット、インドネシアのプンチャック、フィリピンのエスクリマ等があります。

武道は、「日本において独自に展開した武術文化（古武道）を基にして、近代になって、西欧的なスポーツに学びながらそれに対抗して、近代的に再編して成立した運動文化」です。古武道と明確に区別する場合は現代武道と呼び、日本武道協議会には「柔道、剣道、弓道、相撲、空手道、合気道、少林寺拳法、なぎなた、銃剣道」の主要武道9連盟が加盟しています。

現代武道には、試合を行う種目と試合を行わない種目があり、対人で自由攻防の試合を行う種目の中でも柔道、相撲、空手道は無差別と階級制の両方の試合が開催されています。つまり、武術に起源をもつ現代武道は「小よく大を制す、柔よく剛を制す」を追求し、体現する可能性が残されているのだと思います。

格闘技は、基本的に一対一で武器を持たずにルールに則り決められた時間内に勝敗を決することを前提に技術が構築されており、階級制が採用されています。ボクシング、ムエタイ、キックボクシング、レスリング、総合格闘技等があります。

交差法は格闘技でも活かせる

武術の技術は禁じ手なしで、人体の急所を攻撃するように構成されているため、現代武道と格闘技の試合では使用できない技術が多々あります。

私が、躾道館首席師範・小林直樹先生よりご指導いただいた櫻公路一顱先生創始の嫡流真伝中国正派拳法には、相手の攻撃に対して後の先の交差法で迎撃する技が約１００あります。

金的への平拳突きと裏拳または掌打、足甲・踵・膝を用いての金的蹴り、腎臓・頸部（後部の頚椎と側面）への手刀打ち、肩甲骨への後方肘打ち、尾骨への膝蹴り、喉への爪先蹴りと咽喉掴み、膝関節への足刀、踵、足裏を用いての蹴り、足甲への正拳突き、水月への親指一本拳、脇への肘打ちと人差し一本拳、眉間・人中への裏拳と人差し一本拳等、ピンポイントで急所へ迎撃し、そこから投げ技、または膝関節の構造を活かして転倒させる技へと移行するものも含まれています。

さらに、（擒拿法《きんだほう》）捕攻法で指関節、手首関節を攻める技もあります。

これらの技のほとんどは、ボクシング、ムエタイ、キックボクシング等の打撃系格闘技、組技系格闘技、総合格闘技においても禁止技となり、また、一本拳等はグローブを着用すると使用が難しくなります。

そうなると、武術の技術はルールのある格闘技や現代武道の試合において全く使用できないのでしょうか？　かなり、制約のある状況になりますが、嫡流真伝中国正派拳法の使用法を通じて体得した交差法の理合いは活かせます。

また、嫡流真伝中国正派拳法の技の中でも、そのままでは使用できない技をルールに対応させてアレンジすれば有効活用も可能となります。第3章「ボクシングに活かせる交差法」で紹介した「左フックに対して右フックのカウンター」は、素手で平拳を用いる技の「表風雲」をグローブ着用でも使用できるようにアレンジしたものです。

本書第3章と第4章で紹介した技術は、1994年1月末〜3月末までの2ヶ月間、打倒ムエタイを目指して二度目のムエタイ修行のためにソーワラピンジムへ行く前、約束組手化して毎日行っていました。

21歳の頃にマイク・タイソンのボクシング技術を研究し、名門ハーパランジムでのムエタイ修行、格闘空手大道塾での修行経験、嫡流真伝中国正派拳法の交差法の理合、太氣拳を加味して約束組手化したものです。

キックボクシングと交差法

２０１９年10月末～２０２０年12月末まで、業界最大手のトイカツ道場の中でも打撃格闘技のクラスが充実していた西日暮里ストライキングで、毎週月曜日の16時～23時までインストラクターとしてキックボクシングと護身術の指導をした時のことです。

キックボクシングのマススパーリング・クラスを監督していて感じたのは、「攻撃と防御がバラバラになってしまっている」ことでした。

私がキックボクシングのテクニック・クラスを担当するようになってからは、ボクシング、ムエタイ、オランダキックボクシングの防御をしてからの攻撃の受け返しをしっかりと指導してから、攻防一体のカウンターテクニックへ進み、最終的に交差法の理合いまで伝授しました。

おかげさまで、護身術クラスと共に大変な好評を得て、毎回のクラスは盛況でした。しかし、著述活動の時間を確保するため、毎週月曜日の夜の指導は一旦終了することになりました。

現在でも、その時に参加されていた中で向上心の高い方々に月1回、指導を継続しています。

交差法からコンビネーションへ

本書ではここまでに、各種目の交差法、または交差法と同様の技術を攻撃側の一打に対して迎撃側は一打で迎撃するところまでを紹介してきました。

そして今回は、交差法の一撃で迎撃した後にボクシング、またはオランダキックボクシングのコンビネーションでフィニッシュブローまで、ムエタイのカウンターテクニックから接近戦での肘・膝・首相撲ありの攻防へと繋げる技術をご紹介します。

1994年7月、私がアムステルダムのメジロジムでアンドレ・マナート会長からご指導いただいたオランダキックボクシングには対角線のコンビネーションがあります。

オーソドックスの構えからだと、左ジャブ↓右ローキック、ワンツー↓左ミドルキック、

ボクシングへの応用例

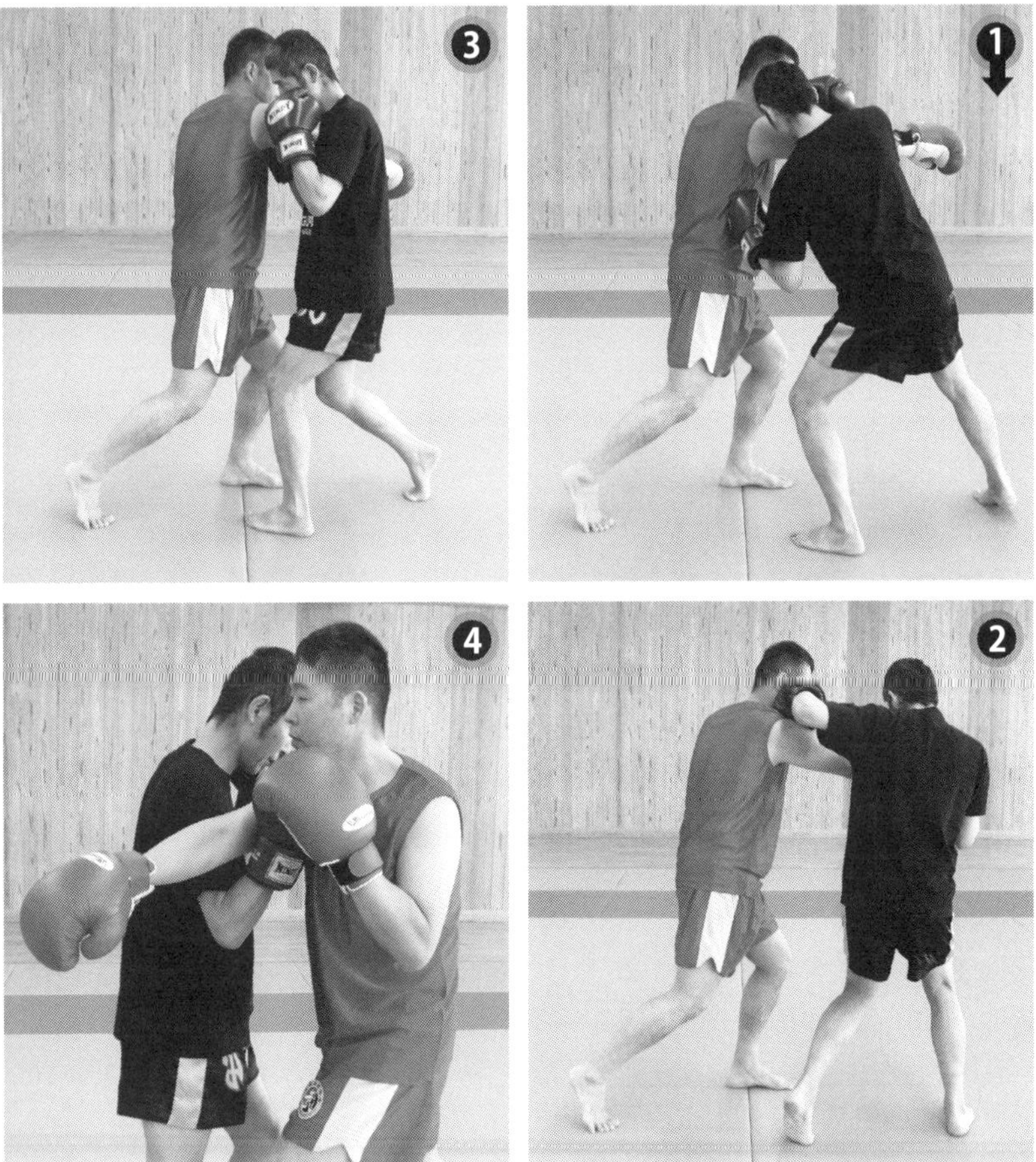

甲（左）の右ストレートに対し、乙（右）は左レバーブローでカウンターを合わせる（①）。さらに乙は甲の顔面に左フックを打ち込み（②）、最後に右アッパーで顎を打ち上げる（③）。④は③を反対側から見た拡大図。ボクシングに限らず、格闘技の試合で交差法を有効活用するには、カウンターの一発だけで終わらせず、そこからコンビネーションへとスムーズに繋げると試合の流れがより有利となる。

キックボクシングへの応用例

甲（左）の右ストレートに対し、乙（右）は左ジャブでカウンターを合わせる（①）。さらに乙は甲に右ボディ（②）、左フック（③）、右ローキック（④）と対角線コンビネーションで打ち込む。対角線コンビネーションは攻撃される部位が上中下に散るため防御が難しい。また最後の右ローキックを放つ際、相手にカウンターを合わせられないよう、両手の防御に加え、左斜めにステップしつつ蹴ることで相手の正面から外れている。

ムエタイへの応用例

甲（左）の右ストレートに対し、乙（右）はテンカオ（突き刺す膝蹴り）でカウンターを合わせる（①）。さらに乙は左手で甲の首を押さえつつ右肘を打ち込み（②）、そのまま両腕で首をロックして首相撲の体勢へ（③）。乙は甲を左に振って崩してボディに膝蹴り（④）。続けて右に振って崩し、再度ボディに膝を突き刺す（⑤⑥）。

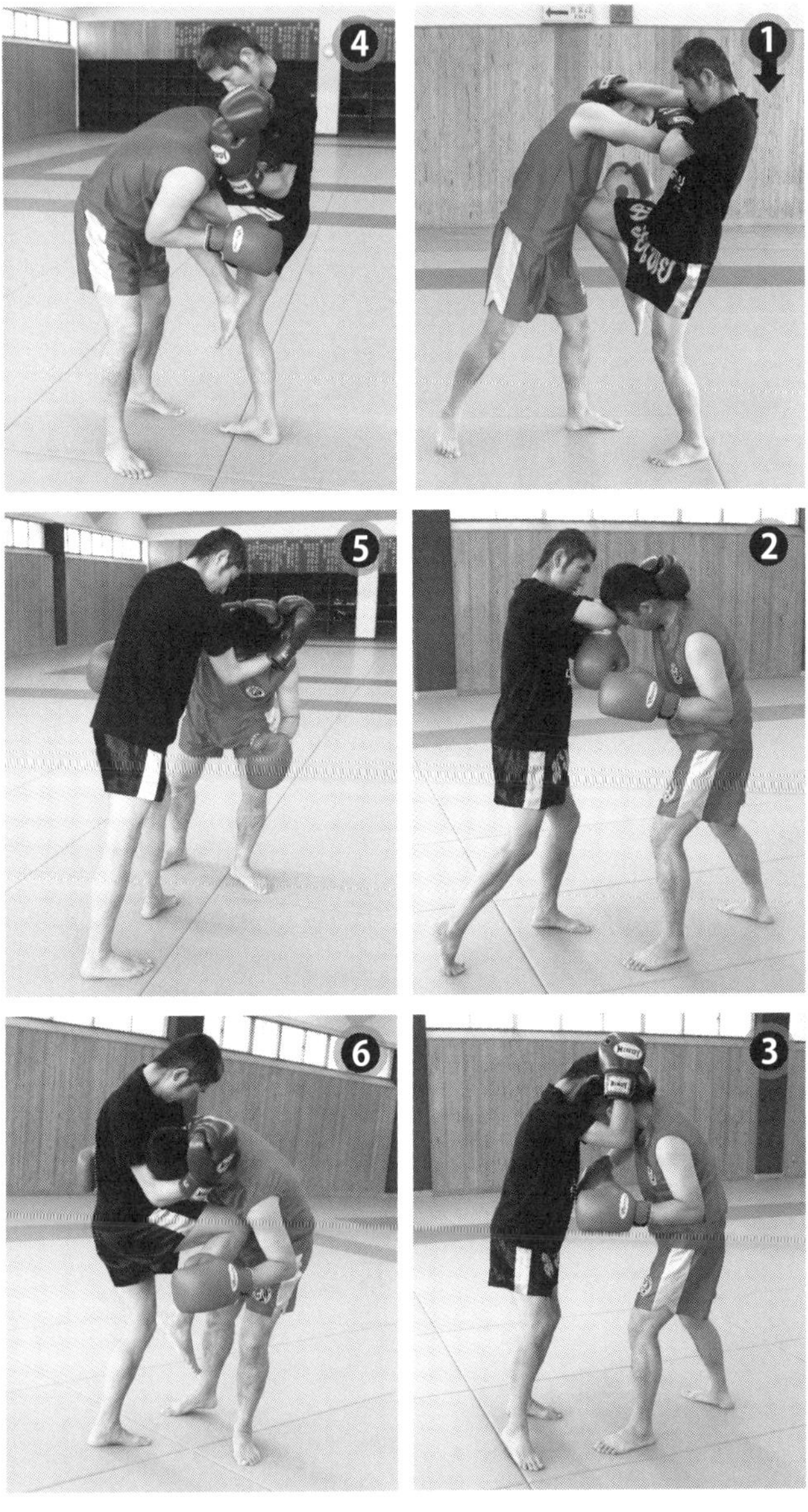

ワンツーフック↓右ローキックのように、相手の身体の上中下段、左右対角線上の部位に攻撃を散らしてゆくコンビネーションです。

相手のガードの穴を突いて連続でコンビネーションを叩き込み、フィニッシュへと繋げていく技術は、オランダキックボクシング界の伝統として、現在も脈々と受け継がれています。

武術と格闘技共に、一撃、またはコンビネーションの連続攻撃を的確な部位に決めるためには歩法が重要で、自らがどこに位置するのかが鍵となります。

また、体幹部（肚脇）主導の身体操作が可能となることにより、攻防一体の交差法からのコンビネーションも途切れることなく連打が可能となります。首相撲ありのムエタイでは相手と接触した部位を活かしていくことも大切です。

NHK『明鏡止水』撮影秘話

2022年11月12日にNHK総合で放送された『明鏡止水～武のKAMIWAZA～四の段』の番組収録では、身体の繋がりを示す一例として、腸腰筋について説明しました。そして、トリンドル玲奈さんに両手の小指を掴んでもらい、トリンドルさんと私を繋げた状態で肩や臍下丹田に向けて合気上げを行いました。

その後、岡田准一さんが私の肚を触って「めっちゃ肚できてる！」というお言葉を発せられ、腸腰筋をお見せするという流れになりました。最初は道着の下の紐を解いてまでお見せする予定ではありませんでしたが、岡田さんがどうしても見たいと強く希望されましたので、初公開となりました。

私の内腹斜筋、腹横筋を含めた腸腰筋を見た岡田さんの口から「金剛力士像の肚は日本独自の『肚を作る文化』のあらわれで……」というお言葉が出てきた時にはさすがだなと思いました。

小指のみを用いた合気上げ

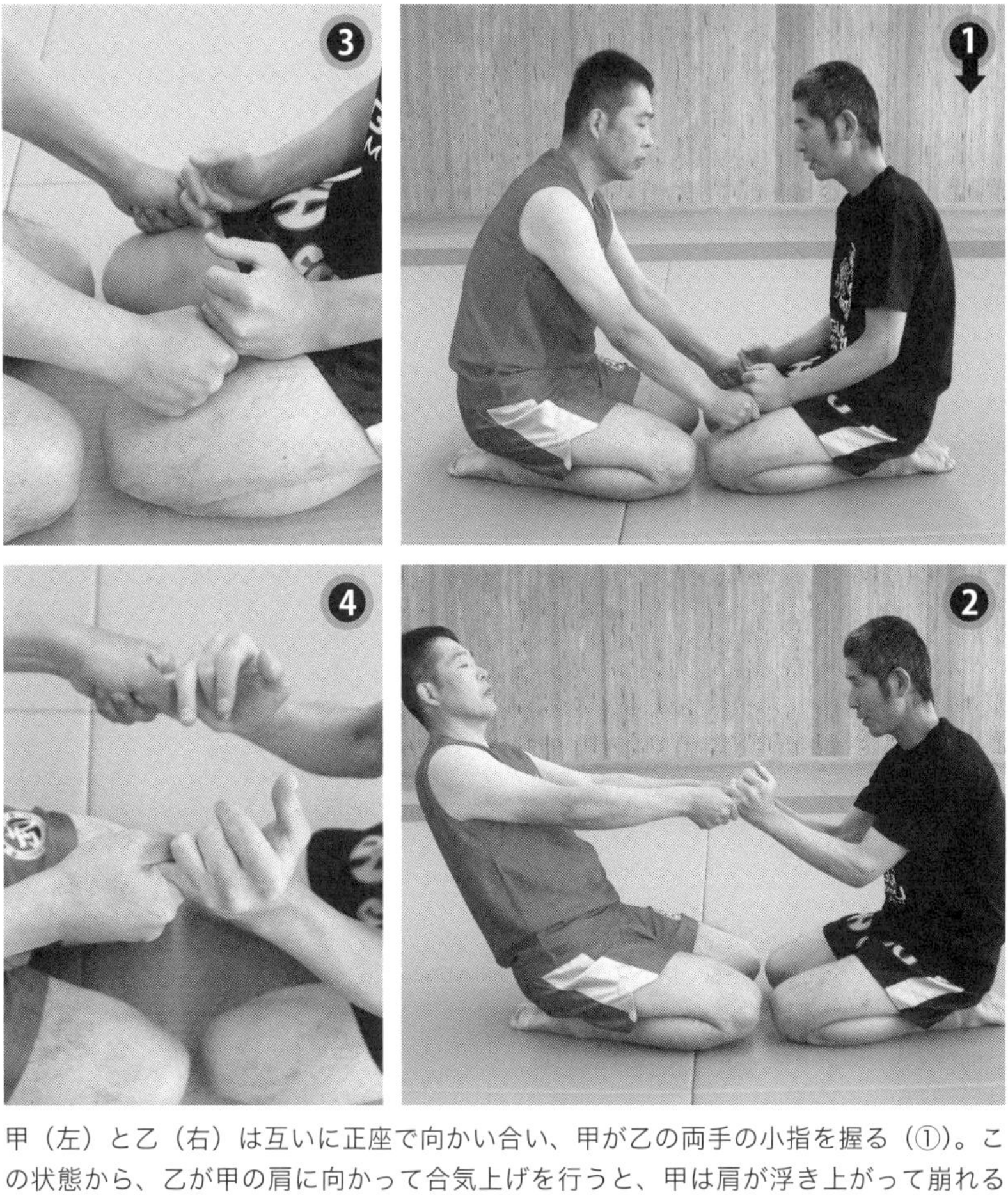

甲（左）と乙（右）は互いに正座で向かい合い、甲が乙の両手の小指を握る（①）。この状態から、乙が甲の肩に向かって合気上げを行うと、甲は肩が浮き上がって崩れる（②）。③④は手元部分の拡大図。小指が肚（丹田）としっかり繋がり、なおかつ相手の力とぶつからずに上げられると可能な技だ。

休憩後、実兄の岡部宜史師範と嫡流真伝中国正派拳法・使用法の「雁下流《がんかながし》」（中段追い突きに対して化勁をしながら乳首の下の急所・雁下に水平肘打ち）を行った後、自由一本組手を披露しました。

その後、首里少林流空手道の比嘉正《ただし》先生のお弟子さんの熊澤伸哉選手（第3代アウトサイダーチャンピオン）とも二度、自由一本組手をさせていただきました。実は当初、自由一本組手はケンドーコバヤシさんを相手に行う予定でしたが、撮影当日に番組スタッフから急遽、「ケンドーコバヤシさんではなくて熊澤さんとやっていただけますか？」とご提案があり、熊澤選手も快諾されて実現する運びとなりました。

自由一本組手なので、兄の時も熊澤選手の時も、相手が何を出してくるか、こちらも何が出るかわからない状態で自然の反応に任せて行ったのですが、全て喉への貫手で対応していました。

喉への貫手は、ルールのある格闘技と現代武道の試合では禁止技ですが、拳より指の長さの分だけリーチも長く使えて、ルールのない場合は大変有効な技だと思います。

第10章

「合気道は当身が7割」の真意とは？

当身には「本当」と「仮当」がある

合気道の開祖、植芝盛平翁は「実戦では当身《あてみ》が7割」と言われたそうです。当身とは、日本において古くから伝承される古武術や武道で急所を「突く・殴る・打つ・蹴る・当てる」などの技術の総称です。

近年になってからの分類の仕方になりますが、当身は本当《ほんあて》と仮当《かりあて》の二つに分類されます。本当は相手に対して当身をまともに当てる。もしくはそれのみで相手を仕留めることを目的としたものを指し、仮当は体勢を崩すことや誘いを主目的として当身を行います。

現在、私が指導及び普及活動を行っている中国伝統武術を元に競技化された散打は、打撃主体の格闘技だと思われがちですが、打撃を当身の本当と仮当と同様に使い分けます。そして仮当から投げ技に繋げる摔跤《シュアイジャオ》由来の技術と、第5章「中国散打の側踹と摔法」で紹介した相手の打撃を封殺しながらの投げ技が非常に洗練されています。

交差法は合気道にも活かせる

合気道では「当身七分に技（投げ）三分」ともいい、当身を重要視しています。現在の合気道における当身の用い方ですが、一般的には前述の仮当を主に用いて相手の動きを牽制したり、急所を防御しようとする反応を誘って体勢を不安定にさせてから投げ技、逆技（関節技）に移行していきます。

道着を着用する柔道や空道、ノースリーブとトランクス着用の中国散打でもそうですが、相当な体格差または実力差がない限り、崩しを入れずに相手を投げるのは容易ではありません。合気道の「入身」や「転換」といった体捌きも、本来は相手の当身を躱しつつ、自分の当身を入れられる位置に体を移動させることを主眼としています。

合気道の稽古形態は基本的に二人一組の約束組手形式の稽古が中心で、「取り（相手の攻撃を捌いて技を掛ける側）」と「受け（相手に攻撃を仕掛けて技を受ける側）」の役を互いに交代しながら行います。

約束稽古の構成において、取りが受けの攻撃を防御しながら当身を入れるタイミングは、防御してから攻撃を1・2で返すのではなく、必ず一挙動で攻防一体となっています。この時、相手の攻撃を防御しながら、相手の力とぶつからず、柔らかく中心を捉えて制していなければなりません。また攻撃を防御した際に、相手を無力化する合気が掛かった状態となっていれば、スムーズに投げ技や関節技へ移行できます。

合気道を修錬されている方のなかでも、いざという時の護身術として稽古をされている方々は見受けられます。

私の観点からですが、約束稽古においても、受けの攻撃に対して取りが防御をしながら当身を入れる際に交差法の要訣を参考にすると、より技が活きてくるのではないかと思います。

喉への当身から正面入り身投げ

甲（右）が顔面を突いてくるのに対し、乙（左）は微かに左斜め前に出ながら突きを捌きつつ、右貫手の当身を甲の喉へ突き入れる（①〜③）。なお、この当身が「本当」ならば、③の時点で甲は倒れる。「仮当」ならば、ここから甲の首元へ右腕を深く差し込み（④）、正面入り身投げへと繋げていく（⑤）。技の成否は、最初の捌きと当身によって７割方決まる。故に「合気道は当身が７割」となる。

当身の連打から側面入り身投げ

甲（左）が顔面を突いてくるのに対し、乙（右）は左足を進めつつ半身になり、甲の突きを左手で捌いて捕らえ、右背掌で甲の金的に当身を入れる（①②）。さらに乙は甲の左側面に入りつつ、右背掌で甲の顔面へ（もしくは右肘で水月へ）当身を入れる（③）。これも「本当」ならば、②もしくは③の時点で甲は倒れる（倒れなければ、結果として「仮当」になる）。「仮当」ならば、ここから側面入り身投げへと繋いでいく（④〜⑥）。

3

4

5

6

散打の公式「遠踢近打貼身靠摔」

散打の公式「遠踢近打貼身靠摔」から「貼身靠摔」を抜粋。甲（左）が顔面を突いてくるのに対し、乙（右）は先出の「側面入り身投げ」と同様、左足を進めつつ半身になり、甲の突きを左手で捌いて捕らえる（①②）。続けて、乙は甲の側面へ貼身（密着）し、脇下へ靠（体当たり）もしくは右肘打ちを行う（③）。この打撃が合気道の当身に相当する。さらに、ここから乙は半座盤になりながら、甲に摔（投げ技）を決める（④⑤）。

剣の理合と達人の当身

植芝盛平翁は「合気道は剣の理合である」と言い、剣・杖を重要なものとして語られたそうです。徒手技は剣・杖の術理を体術の形で現したものであるとされ、たとえば徒手の投げ技などにおいては、腕を振り下ろす動作を「斬る」「斬り下ろす」などと表現されています。

一般的に合気道では柔道のような乱取りは行われませんが、その理由の一つとして、試合を行えば急所への当身によってお互いに重傷を負う可能性があること、さらに逆に当身を禁止すれば技が変質してしまうと考え、盛平翁は「試合は〝死合〟に通じる」として厳に戒めたそうです。

武術をベースにしながらも、理念としては、武力によって勝ち負けを争うことを否定し、合気道の技を通して敵との対立を解消し、自然宇宙との「和合」「万有愛護」を実現するような境地に至ることを理想とされました。

近代以降、合気道では投・極・打（当身）・剣・杖・座技を学び、攻撃の形態を問わず自在に対応し、たとえ多数の敵に対した場合でも、技が自然に次々と湧き出る段階まで達することを求め、この境地を盛平翁は「武産合気《たけむすあいき》（無限なる技を産み出す合気）」と表現し、自分と相手との、自分と宇宙との和合により可能になると言われました。

合気道の神様・塩田剛三先生の演武を拝見すると、人差し指、掌底、背中、肘打ち等の当身を多用され、「実戦では当身が七分で技（投げ）三分」を体現されていました。また呼吸力（集中力）と称して、お弟子さんの足の甲を自身の足指で点穴することも行われていました。

塩田先生の体捌きと当身を行うタイミングは絶妙で、「当身と投げの区別はない」とも言われたそうです。しかし、これは全身至るところに集中して、ピンポイントで力を発揮できないと体現が難しいと思われます。

合気探求の道程

それでは、ここからは私の合気探求に至る道のりを少々述べたいと思います。

1990年4月、私が高校卒業後に上京し、渋谷の日本柔道整復専門学校に入学してから約1年半の間、山手通り沿いの新宿区上落合に住んでいた当時のことです。

地下鉄東西線落合駅への往来の際に合気道養神館の電柱広告を目にしていて、一度見学したいと思っていました。

私の空手道と琉球古武術の師・井上元勝先生は甲賀流第14世・藤田西湖先生に総合武術を学び、師命により、植芝盛平翁の薫陶を受けて神道自然流を創始された小西康裕先生に空手道、平信賢《たいらしんけん》先生に琉球古武術、塩田剛三先生に合気道を学ばれた影響で、唯心会の空手と琉球古武術保存振興会の対人稽古は体捌きに特徴があり、体術として逆外し十法と入り身十法の稽古も行っていました。

また、高校時代に『永遠なる武道』というドキュメンタリー映画で塩田剛三先生の切れのある演武を拝見して、機会があったら学んでみたいという気持ちを抱いていたのです。そして本部道場見学後に入門し、1990年6月より週に4回、半年間、養神館合気道を学びました。

当時の養神館本部道場は、千田《ちだ》務《つとむ》師範（現・合気道錬身会）を筆頭に中野仁《ひとし》師範、櫻《さくら》井《い》文夫師範（現・合気道S．A．）が四級以上の指導をされていて、時折、塩田泰久師範（剛三先生の三男）が来られて指導をしてくださりました。私は四級以下だったので、指導員の安藤毎夫《つねお》先生（現・合気道 龍）や千野《ちの》進《すすむ》先生（現・合気道 隼）によくご指導いただきました。

しかし、1980年代後半の気功ブームの影響で、中学時代より興味を持ち始めた氣への探求心と、18歳という年齢でもっと激しい稽古がしたいという欲求（当時は自由組手に飢えていました）を満たすために、養神館での稽古は半年間で終止符を打ちました。

それから時を経て、2016年4月より、合気柔術逆手道第二代宗師・倉部至誠堂先生に師事し、現在は師範として柏支部で指導をさせていただいています。

合気道における「切り落とし」

以下に、『月刊秘伝』２０１7年11月号の特集「開祖・植芝盛平と合気道の遺産」にて掲載された、生島裕氏（中国武術専門誌「武術《うーしゅう》」元編集長）が寄稿された記事『〃スタンレーさん〃の思い出』の文章を一部引用します。

印象に残っているのは、植芝翁が弟子を相手に剣術を指導している写真について、岩間道場の斎藤守弘師範が解説してくださったことだ。一見、ただ相手と切り結んでいるように見えるだけの写真なのだが、そこには深い剣理が秘められていた。このとき植芝翁は、自分の面を斬ってくる相手に対し、同時に木刀を斬り下ろして一刀流でいう「切り落とし」を行っているのである。

さらに、斎藤師範は、植芝翁の腰に注目するように教えてくれた。言われて写真をよく見ると、わずかに腰を右（原文ママ）に捻り、相手に対して少し半身になりながら刀を振

り下ろしているのだ。

「まっすぐ正面から斬っただけでは、完全に相手の攻撃を避けることができない。だから、この腰の捻りだけで僅かに半身になることによって、相手の攻撃をかわすことができる。植芝先生は『合気は肉を切らせて骨を断つ、ではいけない。空を切らせて骨を断つんだ』とおっしゃった」

植芝盛平翁の剣術は「切り落とし」を行いながら、わずかに腰を捻り半身になっていたというところが、とても興味深いです。

小野派一刀流剣術の切り落としは縦回転の「円転の理」を用いることで、真っ直ぐ前に進みながらも上太刀を取れます。

合気道の体捌きは横回転（水平回転）の「円転の理」が特徴ですが、縦回転と横回転が融合し、さらに螺旋の動きが加わり、球になるのだと思います。

植芝盛平翁の「切り落とし」

植芝盛平翁の剣技を再現。甲（左）が乙（右）の面を断ってくるのに対し、乙は同時に木刀を斬り下ろして「切り落とし」を行う（①〜③）。この時、乙はわずかに腰を左に捻り、甲に対して少し半身になりながら刀を振り下ろすことで、甲の攻撃を完全に避けている。盛平翁は「合気は肉を切らせて骨を断つ、ではいけない。空を切らせて骨を断つんだ」と言ったという。

植芝盛平翁の逸話

本章の最後に、合気会本部道場にて植芝盛平翁から直接指導を受けられた故・本多昭夫氏からお聞きした逸話を一つご紹介します。

盛平翁と本多氏がお互いに木刀を持って対峙し、盛平翁が「どこからでも掛かってきなさい」と言われて本多氏が掛かっていくと、「どうやっていっても、切っ先を喉にピタッと付けられて、どうにもこうにも動けなくなってしまうんですよね」と感慨深く話されました。私が最も尊敬する武道家・植芝盛平翁の逸話は大変参考になり、影響を受けました。

第11章

総合格闘技に活かせる交差法

日本の総合格闘技の夜明け

今から約30年前の１９９４年３月11日、アメリカコロラド州デンバーのマンモス・ガーデンにて、出場選手16人のワンナイトトーナメント・ＵＦＣ ２が開催されました。ルールは体重無差別で時間無制限、「目潰し」と「噛み付き」の二つのみが禁止で、素手素面により金的攻撃も有効とされました。

日本人として初めてこのＵＦＣに挑戦したのが、大道塾の市原海樹《みのき》先輩（北斗旗空手道選手権１９９０年〜１９９２年重量級優勝、１９９０年&１９９３年無差別級優勝）でした。

１回戦第８試合でのホイス・グレイシーとの対戦は、試合序盤にローキックを捕まれてテイクダウンされ、グラウンドでは肘打ちなどで抵抗するも、マウントパンチを受け続ける展開が続き、最後は片羽絞めを極められタップアウト負けとなりました。

市原先輩の敗戦は日本の格闘技界に衝撃を与え、真の意味で日本の総合格闘技の夜明けとなりました。

なおトーナメントは、ホイスが2回戦でジェイソン・デルーシアを腕挫十字固め、準決勝でレムコ・パドゥールを送襟絞め、決勝でパトリック・スミスをグラウンドパンチでギブアップさせて勝利し、2連覇を達成しました。

タックルに対しての交差法

それではここから、本題の「総合格闘技に活かせる交差法」について述べていきます。

まず、総合格闘技ではファーストコンタクト、武道・武術でも第一次接触点を活かすことが重要な鍵になります。相手のパンチ、蹴り、肘打ち、膝蹴り、タックル、投げ技等の攻撃に対して、攻防一体の交差法で迎撃し、一打必倒となる場合もあれば、交差法で迎撃した後に投げ技から関節技、絞め技へと連携して仕留めていく場合があります。

タックルに対しての交差法ですが、互いに対峙した状態からいきなりタックルを仕掛けてくる場合と、フェイントも含め、パンチや蹴り等の打撃を放った後にタックルを仕掛けてくる場合、こちらの打撃に対してタックルを合わせてくる場合があります。

タックルに対して、体幹部（肚脇）主導の突き、肘打ち、膝蹴りで迎撃するのですが、相手は低い体勢になってタックルを仕掛けてくるので、後足の踵を浮かさないようにすることがとても重要です。後足の踵を浮かしてしまうと相手のタックルでテイクダウンされやすくなってしまいます。

太極拳要訣の尾閭中正、収臀提肛、円襠、鬆跨、沈肩墜肘、含胸抜背、上下相随を遵守し、腸腰筋、腹横筋から内転筋、内側広筋、腓腹筋、ヒラメ筋、足底筋膜（足裏のアーチ）までが利いている上虚下実、氣沈丹田の状態で打撃を行います。

散打のルールでは相撲と一緒で、手・肘・膝をつくと相手にポイントが入ってしまうので、膝をつかないようにタックルを行いますが、総合格闘技の場合は膝をつきながらのタックルを行っても問題がないので、かなり低い体勢でタックルを仕掛けてきます。

膝をつきながらのタックルに対して交差法で迎撃する場合は、こちらの態勢も低くなり、前後幅も広くなります。その際に、こちらの脚を取りにくる相手の手腕を防御しながら攻防一体の交差法となるようにします。また、相手のパンチに対して交差法の理合いを応用

タックルに対しての交差法

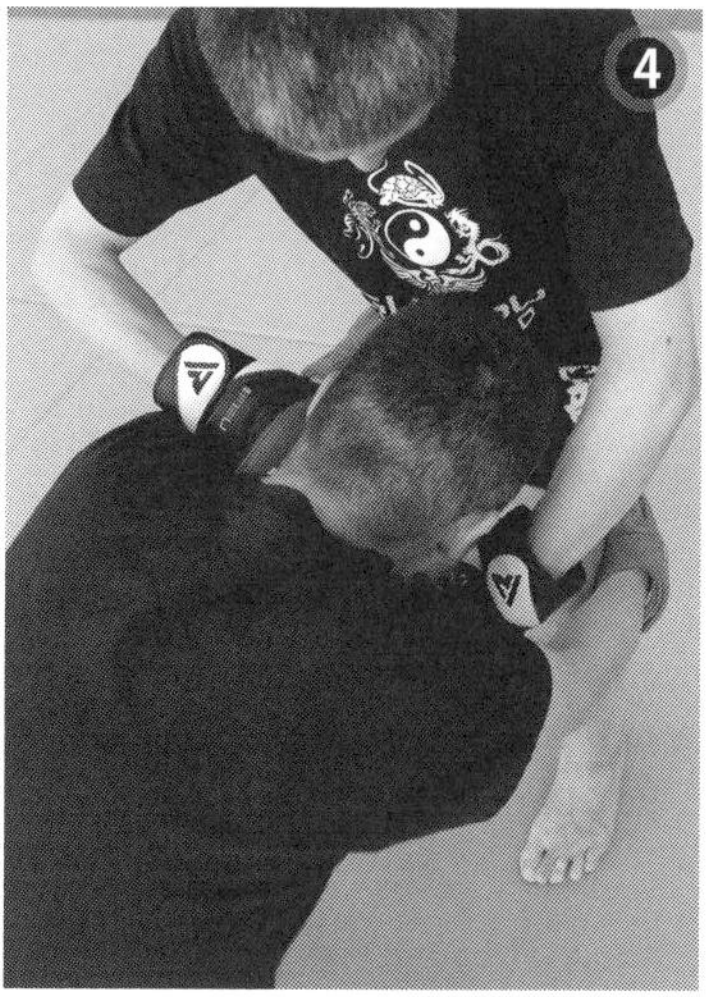

甲（右）がタックルしてくるのに対して（②）、乙（左）は脚を取りにくる甲の右手腕を左手腕で防御しながら、右拳による体幹部（肚脇）主導の突きで迎撃する（③）。④は別角度から見た拡大図。

してタックルに入ることも可能です。

グラウンドを交差法で打破する

次は、こちらがタックル等でテイクダウンされてしまい、相手がマウントポジションまたはニーオンザベリーの状態から攻撃してくる場合に、交差法の理合いを活かして迎撃する技術をご紹介します。

相手がマウントポジションからパウンドを打ってくる際に、太極拳や太氣拳（意拳）等の推手で養った聴勁と化勁を活用し、柔かくいなしながら攻防一体の交差法で有効な打撃ができます。

マウントポジションの打撃の攻防では、もちろん上になったほうが有利ですが、相手のパウンドを化勁しながら体幹部（肚脇）主導で左右肋骨の最下端部の急所「電光」、またはレバーに攻防一体の交差法で迎撃します。

マウントポジション、下からの交差法

甲（上）がマウントポジションを取り（①)、乙（下）へパウンドを打ってくるのに対し、乙はパウンドを化勁しながら体幹部（肚脇）主導で左右肋骨の最下端部の急所「電光」へ交差法で迎撃する（②)。

甲のパウンドを受け流しつつ、乙は下から交差法で甲の胸骨の中央の急所・膻中を打ち（①)、そのまま拳を胸骨から滑らせるようにして顎を捉える（②)。

それから、相手のパウンドに対して、下から普通に顔面にパンチを打とうとしても届きませんが、防御を行いながら引き寄せて顔面に迎撃すると有効打となります。さらに胸骨から滑らせるようにして打つと顎を捉えられ、胸骨の中央の急所・膻中《だんちゅう》を打つのも有効です。

こちらがマウントポジションで相手をコントロールしながら上から打撃を行う場合は、寸勁・分勁といった距離がほとんどない状態からの打法も大変有効となります。体幹部（肚脇）主導、深層筋主導での打法と化勁（合気）の技法も活用が可能です。

次は、ニーオンザベリーとなられた場合の対処法です。相手は膝でこちらの水月または臍を捉えて上から下に圧迫して、コントロールをしながらパウンドを打とうとしてきます。

ニーオンザベリーとなられた場合に自身の肚が錬られて利いていると、上から下への圧迫に対して、相手の膝外側部に手で接触し、横へ力の方向をずらすことが可能です。相手を崩したら、相手の側面から脇腹へ膝蹴り、さらに追撃して有利な態勢にしていきます。

マウントポジション、上からの打法

自らがマウントポジションで上から打撃を行う場合（①）は、寸勁・分勁といった距離がほとんどない状態からの打法も大変有効となり、化勁（合気）の技法も活用できる（②）。

ニーオンザベリーへの対処法

甲（上）がニーオンザベリーとなり、乙（下）を押さえ込む（①）。乙は甲の右膝による上から下への圧迫に対して、甲の右膝外側部に左手で接触し、横へ力の方向をずらして甲の体勢を崩す（②③）。乙はそこから甲の側面へ回り、さらに追撃して有利な態勢になるようにしていく（④）。

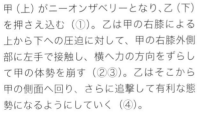

腕拉ぎ十字固めへの対処法

最後に、腕拉ぎ十字固めへの対処法ですが、体幹部と両手を繋げてクラッチできれば、相手がクラッチを切るのはかなり難しい状態になりますので、そこから体を入れ替えて有利な態勢・ポジションに移行できます。

肘が伸びてしまった状態になるとかなり厳しいですが、それでも体幹部と手腕を繋げれば、ある程度は耐えられます。

腕拉ぎ十字固めへの対処法

甲（右）が乙（左）に腕拉ぎ十字固めをかけようとしても、乙が体幹部と両手を繋げてクラッチすると、甲は乙のクラッチを切るのはかなり難しくなる（①）。肘が伸びてしまった状態になるとかなり厳しいが、それでも体幹部と手腕を繋げれば、ある程度は耐えられる（②）。

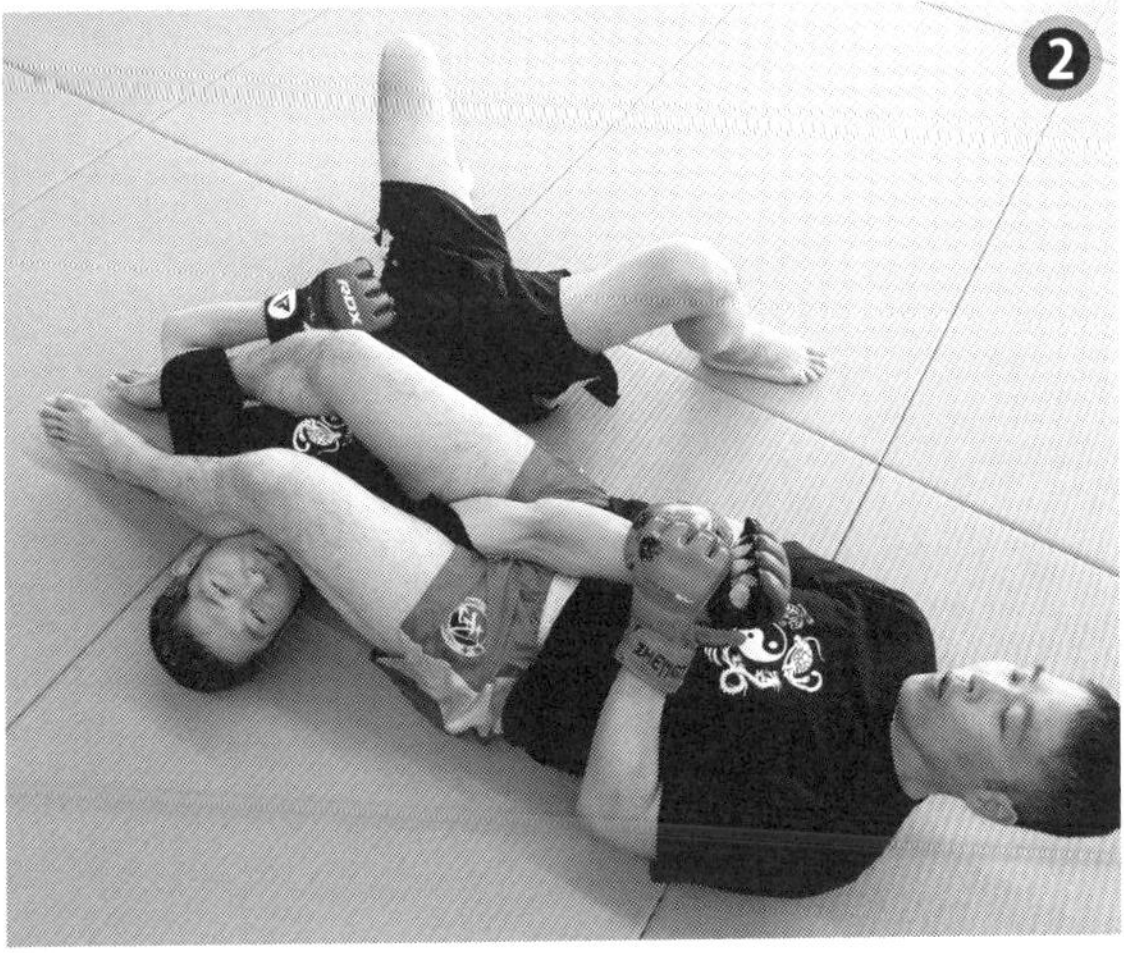

総合格闘技界を席巻する散打

20年以上前より、散打の打と摔《しゅつ》（投げ）を同時に行い倒地（テイクダウン）させる技術は総合格闘技でも大変有効だと思っていましたが、数年程前から総合格闘技の試合でも活用する選手が見られるようになってきました。これは総合格闘技でも中国散打出身の選手が活躍するようになってきた影響があると思います。

ＵＦＣでは元75キロ級世界散打チャンピオンの張鉄泉（ジャン・ティエカン）が２０１１年に中国籍初のＵＦＣ契約選手となったのを皮切りに、散打をバックボーンに持つ選手が複数参加するに至り、２０１９年には元散打選手の張偉麗（ジャン・ウェイリー）が中国および東アジア人史上初となるＵＦＣ王座獲得を達成しました。そして、２０１８年末にはONE Championshipの世界チャンピオンを四人も擁し、名実共にアジアのトップジムとなったチームラカイの選手たちは散打がバックボーンにあります。

抱腿右衝拳

打と摔（投げ）を同時に行い倒地（テイクダウン）させる散打独特の技術。甲（右）と乙（左）が対峙した状態（①）から、甲が右ミドルキックで蹴ってくるのに対し、乙は左手で甲の蹴り足をキャッチすると同時に右拳を顔面に打ち込む（②③）。そのまま一気に、乙は倒れた甲を追撃する（④〜⑥）。

大道塾の猛者たちとの稽古談

それでは最後に、私の体験談を記します。

1992年2月、顔面防具のスーパーセーフを被ることには抵抗がありましたが、柔道で学んだ投げ技と固め技を駆使して闘いたかったので大道塾総本部に入門し、塾長の東孝先生から直接、帯の締め方から十字を切っての礼の仕方、ローキックと中段回し蹴りの際の脛の当て方、投げ技から絞め技と関節技の連係等のご指導をいただきました。

当時の大道塾総本部には、北斗旗空手道選手権の4階級の優勝者と準優勝者のほとんどの先輩方が所属されていて、テクニシャンの飯村健一先輩（1989年&1992年&1994年中量級優勝）には「マス、やろうぜ」とよくお誘いいただき、マススパーリングと首相撲をしました。

それと一度だけ、1992年の北斗旗無差別級選手権の前に加藤清尚先輩（1991年無差別級優勝者で軽量級、中量級、軽重量級の四階級を制覇。キックボクシングでもUK

F世界スーパーライト級、WMTF世界ジュニアウエルター級チャンピオンとなった）から、「ちょっと、付き合ってくれ」と言われてマススパーリングの相手をさせていただいたことがあります。さすが、163センチ・70キロの体格で無差別級を制した実力は本物で、どこから攻撃がくるのかわかりませんでした。

大道塾入門から1年程経った頃、市原海樹先輩から「一緒に練習しよう」とお誘いがあり、森直樹先輩（1995年軽重量級優勝、1997年無差別級準優勝）と私の三人で分厚い体操用のマットの上でスパーリングを行い、その後、サンドバッグ等で追い込む練習を何度か行いました。市原先輩からは強さを感じ、カウンターの名手・森先輩からは二度、良いパンチをもらいました。

その他の先輩方や同輩たちにもとても良くしていただいて、大道塾総本部では大変貴重な経験をしました。チャンピオンクラスの先輩たちとのマススパーリングとスパーリング、大道塾内の試合にも計五度出場して四度入賞できましたが、私の攻撃が一発も当たらないということはなく、改めて小林直樹先生の凄さと交差法との質の違いも感じられました。

また、兄・宜史《よしふみ》が白蓮会館の東日本新人戦・初級の部で優勝した後、私から聞いていた中国拳法を習いたいと言ったので、小林先生を紹介し、兄が学ぶようになりました。私も大道塾を休会し、小林先生の技を客観的に見て、交差法は私にもできるという確信に至り、再度、学ばせていただくことになりました。

第12章

無拳無意

武の究極たる無意の拳

今から約百年前となる1924年、形意拳・八卦掌・太極拳の三門を統合し、内家門を確立した達人・孫禄堂（孫式太極拳開祖・1861〜1933）先生が生涯をかけて著した近代中国武術界の名著『拳意述真』が刊行されました。

ちょうど、25年前となる1998年5月26日〜31日、中国深圳で開催された第1回世界散打搏撃選手権の日本代表団顧問として参加された笠尾恭二先生と、WFSB日本代表の木本泰司先生と私が成田〜香港間往路の機内三人席でご一緒しました。

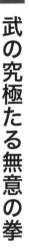

この時、笠尾先生は『拳意述真』83頁の全文を書き込みがしやすいようにコピーしたものを持ち込まれていましたが、翌年5月に『拳意述真』を全訳紹介した『きみはもう「拳意述真」を読んだか』（BABジャパン）を刊行されました。

はじめ形意拳を李奎垣、ついで郭雲深に学び、のちに八卦掌を程廷華、武式太極拳を郝為楨に学んだ孫禄堂先生が遺した究極の極意書『拳意述真』は、意拳創始人・王向齋先生の師でもある郭雲深伝を中心としたもので、私にとっても大変勉強になりました。
以下に『きみはもう「拳意述真」を読んだか』の「達人は語る　極意編　第四章　形意拳要訣　明・暗・化勁の真実〈郭雲深の要訣一〉第三節　化勁　無意の拳」の一部を引用します。

『拳経』に「拳は無拳、意は無意。無意の中、これぞ真意なり」とある。これを化勁というのである。練神還虚、洗髄の修練はここに終わるのである。

この場合の化勁は、明勁・暗勁・化勁という修行の三段階を表す用語で郭雲深先生が最初に説いたものです。そのため、狭義の意味でいう相手の攻撃を無力化する太極拳の化勁とは違う意味で使われています。

笠尾先生と日本武術研究家・平上信行先生との対談書『発勁の秘伝と極意』（ＢＡＢジャパン）で平上先生が明・暗・化の三段階を楷書《かいしょ》、行書、草書という書道の三段階にたとえられているのはとてもわかりやすいと思います。明勁、練精化気、易骨→暗勁、練気化神、易筋→化勁、練神還虚、洗髄と段階が進んでいき、さらに還虚合道へと至ります。

笠尾先生から「剛から柔に至った人を達人という」とお言葉をいただいたことがありますが、私自身も明勁、暗勁、化勁という段階を経て、今に至ってきていると感じています。

剛から柔に至る道程

私は中学1年時より井上元勝先生創始の唯心会空手道を学び始め、高校2年時より琉球古武術を併修しました。

高校時代は朝4時半に起床し、空手道と琉球古武術の月謝を捻出するため、1年に10日ある新聞休刊日以外は毎朝1時間15分程、自転車とダッシュで走って新聞配達を行った後、犬用リードのハンドルの輪に手を通さず、正拳を握るようにして握力の鍛錬を行いながら犬の散歩（通常は柴犬の雄1匹、状況により四国犬の雄1匹、雌1匹の計3匹を同時に散歩することもありました）、柔軟体操、朝食、理科の実験用鉄球と砲丸投用の鉄球を使用して拳頭、人差し指一本拳、中高一本拳、親指一本拳の部位鍛錬、五指の指先を立てた状態での虎爪練功法（静止2分、指立て伏せ20回）、左右の親指と人差し指のみを用いた指立て伏せ１００回の鍛錬を行った後に登校していました。

特に鉄砂掌の鍛錬・虎爪練功法を継続した結果、りんごを片手で握り潰すのではなく、指を立てた状態から割ることができるようになりました。

上京後、空手道と琉球古武術を継続しながら柔道、養神館合気道、そして、小林直樹先生との出会いにより熊氏《ゆうし》易筋経と櫻公路一顱伝嫡流真伝中国正派拳法を学び始めると同時に、太気至誠拳法も併修しました。

また、気を求めて天空気功道、立ち技最強のムエタイ修行からK—1の前身ともいえる無差別のトーワ杯に最年少で参戦、さらに格闘空手大道塾総本部に入門しました。中国散打との対戦、オランダキックボクシング、オランダから帰国後に怪我、スランプを経てインドへ精神修養の旅に出てヨーガと瞑想を学び、インドから帰国後、瞑想と站椿功をはじめ内功を中心にした稽古で前述の散打搏撃選手権大会に臨んだのです。

相手に命を預ける（捧げる）

櫻公路先生の教えに「相手に命を預ける（捧げる）」と「骨を切らせて髄（命）を断つ」があります。この二つは交差法を実践するために、とても大切な心得です。

まず、相手に命を預ける、という教えは、肚を据えて「どうぞ来てください」という心境に至る助けとなります。交差法に特化した嫡流真伝中国正派拳法では、自然体の無構えで相手と対峙します。そして相手が先に攻撃してくるのを待ち、後の先で迎撃します。この時、「～をしてやろう」と意識（顕在意識）で行うと交差法はできなくなります。

例えば、相手の右前蹴りに対して反蹬腿《はんとうたい》で迎撃しようとします。相手がこちらの思った通りに攻撃してくれれば問題はありません。ですが、想定と違う攻撃をされた場合、やられてしまいます。

仮に相手が右前蹴りではなく右上段追い突きで来た場合、反蹬腿で迎撃しようとしたら、前蹴りに対して右足甲で下から下腿に接触して軌道を逸らそうとした分、タイミングが遅くなり、間合いを潰されて失敗となります。しかし、臨機応変に対応できれば、下陰當《かいんあて》で金的に迎撃することも可能となります。

ですから、相手に命を預け、無意識（潜在意識）からの反応を引き出せるようにします。相手に命を預ける心境になれば、どんな攻撃にも、反応できます。また、相手を迎撃するには、ギリギリまで攻撃を引きつけなければなりません。

骨を切らせて髄（命）を断つ

「肉を切らせて骨を断つ」という言葉がありますが、櫻公路先生は「骨を切らせて髄（命）を断つ」と教えられました。「骨を切らせて」とは、相手の攻撃を修正不可能な状態まで引きつけることです。相手に途中で攻撃を修正されると交差できません。ゆえに、交差法を使うには限界まで引きつける必要があります。

以上のように、骨を切らせて髄を断つは、最も効果的な交差法のための要訣です。技を

反蹬腿

甲（右）と乙（左）が対峙した状態（①）から、甲が右前蹴りで攻撃してくるのに対して、乙は右足甲で下から甲の下腿に接触して軌道を逸らし（②）、そのまま即座に右足を返して甲の金的に踵で蹴り込む（③）。

甲が右前蹴りではなく、右上段追い突きで来たのを反蹬腿で迎撃しようとすると、乙はタイミングが遅れて失敗となる。

下蔭當

甲の攻撃に乙が臨機応変に対応できれば、甲の右上段追い突きに対して、乙は左手で突きを防御しつつ、下から金的を蹴り上げる下蔭當での迎撃も可能となる（①②）。

相手に命を預ける（捧げる）／骨を切らせて髄（命）を断つ

「相手に命を預ける（捧げる）」とは、肚を据えて「どうぞ来てください」と自然体の無構えで相手と対峙し、相手が先に攻撃してくるのを待つこと（①）。「骨を切らせて髄（命）を断つ」は、相手の攻撃を修正不可能な状態まで引きつけて躱し（②）、後の先で迎撃すること（③）。これら櫻公路一顱師の二つの教えは、交差法を実践するために最も重要な心得である。

身につけるための鍛錬の際には、きっちりと型通り正確かつ丁寧に行いますが、いざという時には自然に任せるようにします。

後の先に必須の「捨己従人」

嫡流真伝中国正派拳法には、太極拳の哲学や理論も含まれています。その中でも、特に交差法に役立つ要訣が「捨己従人《しゃきじゅうじん》」です。これは「己を捨てて相手の動きに従う」という意味です。

太極拳には、互いに手を合わせた塔手の状態から推し引きする推手という稽古法があります。これで接触部位から相手の力を察知する聴勁と、相手の力を受け流して無力化する化勁を養います。

太極拳の戦法は、「後発先至《こうはつせんし》」という要訣の通りで後の先となります。そして、聴勁と化勁は後の先に必須の技術です。これらは捨己従人の状態になるからこそ身につくもので

双風貫耳

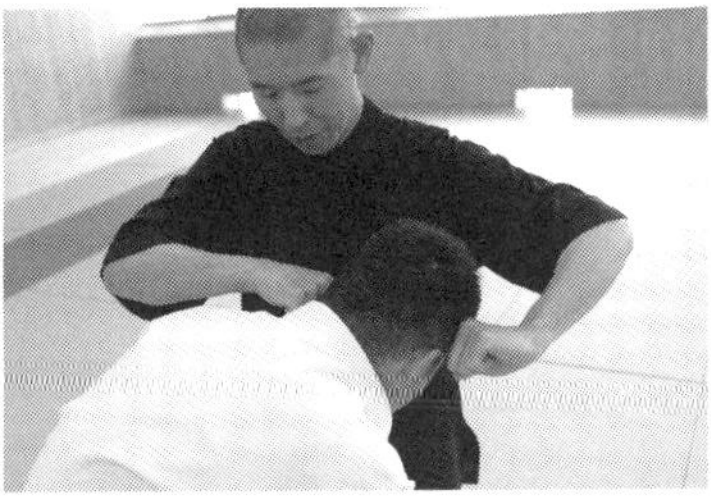

太極拳の実戦用法の一つ。甲（左）と乙（右）が対峙した状態（①）から、甲がタックルしてくるのに対して、乙は甲の両腕を自らの両腕でかきわけるように防御しながら、鳩尾への右膝蹴りで迎撃する（②③）。さらに乙は甲の左右のこめかみ（もしくは両耳）を両拳で挟みこむように打つ（④）。⑤は④を別角度から見た拡大図。

捨己従人

「己を捨てて相手の動きに従う」という意味を持つ太極拳の要訣。これは太極拳の戦法「後発先至」（後の先）を実現するために必須のものであり、先出の「相手に命を預ける（捧げる）」とも相通ずる。ここではその一例として、自然体の無構えで相手と対峙した状態（①）から、相手の左上段突きに対して「後発先至」の右側踹（横蹴り）で迎撃している（②③）。

すから、捨己従人は交差法でも大変役立つ要訣となります。

散打大会で得た確信とは

本書の最後に、1998年第1回世界散打搏撃選手権大会の際の秘話をご紹介します。

64キロ級チャンピオンとなった台湾の中華国術チャンピオンとの対戦を経て、中量級（64〜75キロ）チャンピオンのタイトルをかけた中国散打の英雄・楊金強選手との試合終了後、中国の大会主催者側から楊選手との試合が僅差の判定であったため、もう一度再戦を行っても良いと言ってきたのです。

私は僅差の判定負けという結果を受け入れて、今回の試合は終了したという気持ちになっていたので、木本先生に「少し考えさせてください」と返事をしました。

半日程、どうしようかと考えあぐねていたところ、ホテルの部屋のドアをノックする音が聞こえたので、ドアを開けると笠尾先生がわざわざ楊選手との再戦の件で訪ねて来られたのでした。

笠尾先生は「小林先生の前で良い試合ができたのだから、もう一度やる必要はないのではないか」と話されました。私としても過去二度の対戦を経て楊選手の4年間の成長ぶりを感じることができ、また試合直後、控室に楊選手が来て「あなたは強かった」と健闘を称えてくれたので「もう十分ではないか」と思い、再戦の話を断ることにしました。

その後、楊選手が中量級チャンピオンの栄誉に輝きました。この試合の経験で確信を得て、現在まで約25年間内功の鍛錬を継続してきた結果、「宇宙と一体化する」「神人合一」「梵我一如」「還虚合道」の境地に近づいてきていると実感しています。

特別編

■脳波測定で解明する 交差法の極意

脳波と交差法の関連性

２０２３年７月７日（金）、千葉県柏市中央体育館柔道場にて「瞑想・站椿《たんとう》功・太極拳・攻防における交差法イメージ」の脳波測定が、橋本政和先生（全日本空手道連盟和道會教士六段位・生理学博士・真言宗僧侶・日本健康事業促進協会理事長）と御子息の橋本龍男氏のご協力を得て、実現する運びとなりました。本書の特別編として、橋本先生の脳波測定解析結果と考察をもとに、脳波と交差法の関連性についてまとめます。

私以外の被験者として極真空手15年、日本拳法３年、極真会館（松井派）長野県オープン大会重量級優勝の実績があり、３年前から私の下で中国散打を学んでいる鈴木敏文氏（29歳）と、合気会合気道を大学時代から始めて約18年間の修錬経験があり、約３年半前から月に一度、個人指導をしている理学療法士の菅生堅太郎氏（40歳）のお二方にご協力いただきました。

さらに、橋本先生のご提案で瞑想・站椿功（立禅）・太極拳・攻撃（寸止め）に対する開眼時での交差法イメージの脳波測定の前後に、唾液中のアミラーゼ検査を行い、ストレスレベルの測定も行いました。脳波測定の時間は各々3分行い、太極拳のみ套路（型）を10分ほど行い、その前後に脳波測定を行いました。

以下、橋本先生の脳波測定解析結果と考察「武術修錬による緊張反応の抑制効果についての検討」を引用します。

橋本政和先生による脳波測定解析と考察

◎脳波域の検討

α波がリラクセーション反応の脳波であることとは、広く知られている。武術は言うならばメンタル・リハーサルの修練となる。つまり何らかの事態に遭遇した際の、心身の緊張の制御・緩和のノウハウを稽古するのである。それが武家が技の稽古に限らず、禅や茶事

本測定の被験者三名。左から順に、鈴木敏文氏、著者、菅生堅太郎氏。

今回の脳波測定を行った、橋本政和先生（左）と御子息の龍男氏。

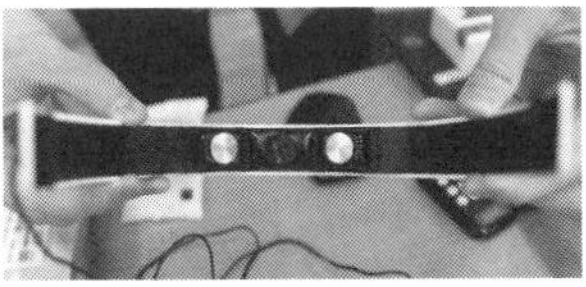

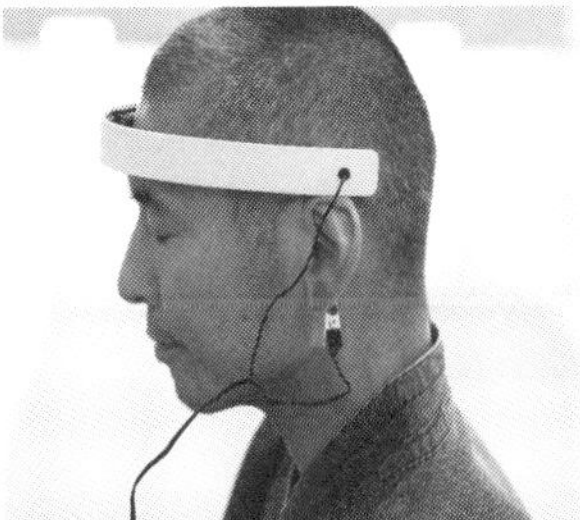

今回の実験で使用された脳波測定機（左）。測定時、被験者は頭部にヘアバンドのような形状の機器（右上）を着装し、左の耳たぶにもコードを繋ぐ（右下）。

に励む理由である。

ＡＲＴＩ（アーチファクト）は「人工的に作られたもの」を意味し、眼球や筋肉の動き等によって脳波測定にエラーが生じ、測定不可の状態である。このため、脳波測定は閉眼で行う。

14Hz以上のβ〜γ《ガンマ》波の顕在意識域に対して、潜在意識域は自我意識のα波（7〜14Hz）、真我意識のθ《シータ》波（4〜7Hz）、そして熟睡状態の無我意識のδ《デルタ》波（〜4Hz）に分類される。

また、緊張（ストレスフル）のβ波、弛緩（リラックス）のα波と分類されるが、β波とα波の比較でリラックス度が測れる（※1）ことから、α波の優勢発生率／β波の優勢発生率でリラックス度の結果をグラフ化した。

メンタル・トレーニングにおいて、脳の可塑性は潜在意識に情報をインプットしうる要素であるが、これにはα波の中のMid-α波域が適すとされる。また禅定三昧の間や自律訓練法を行っている間も、優勢脳波としてMid-α波が確認される。自律訓練法では、ストレスの軽減や免疫力の向上が確認されている（※2）。

θ波とα波のグラデーションゾーンがSlow-α波である。この周波数域は、シューマン共振の一次周波数である7・83Hzと対応する。α波とβ波のグラデーションゾーン周

（※1）田口 寛「脳波によるリラックス度の評価」
http://hiroshi-t.com/relaxation-degree.html
（※2）高野友信「免疫力が高まる自律訓練法」ごま書房 1995年

波数域は、シューマン共振の二次周波数である14・1Hzと対応する。つまり我々地球上の存在は、すべからく地球の共振という揺らぎの内に存在している。

全ての存在は原子で成り立つ。原子の周囲を飛ぶ電子は電磁波（周波数）を発し、またそれは粒子でありつつ波でもあることは、量子力学で証明されている。

であるならば、武術や瞑想の修練による脳波のコントロールは、個と地球の共振・共鳴を誘引するノウハウともなるのではないか。

このような考えをもとに、武術・瞑想・立禅修練と脳波の関係を検討した。

◎測定の結果と考察

全般的な検討結果から、武術及びそれに関わる各種の修行は、ストレス・コントロールに寄与することが示されている。それは、脳波域とαアミラーゼの変化によって、整合的に確認し得た。

①武術修行だけでない全般の経験者はθ～α波が賦活し、β波が抑制されている。

②経験の長短、また開眼か閉眼かに関わらず、立禅の修練は自律神経系のバランス調整を含め、ストレス・コントロールや脳疲労の回復に寄与するとされる（※3）が、今回のαアミラーゼの検討においては、瞑想・立禅・太極拳の経験の長短がストレス・コントロールに寄与することが示された。

③攻守においてはいわゆる「寸止め」での攻撃を行ったが、敵対者の動作等を観察もしくはイメージで攻防をしているからであろうが、眼球や筋肉の微細な反応でARTIが多くなっている。この瞬間は当然ながらβ〜γ波が多くなっているであろうと思われる。しかし修練者（岡部）は、ARTIが消えた後に、θ波の優勢率と電位が高い傾向を示した。つまり、次の攻防に備えた心身の緊張〜弛緩といった反応の切り替えに長けているのではなかろうか。

さらにマインド・タイムに言うところの「0・5秒の世界」がある（※4）。この0・5秒こそが「先の先」である。

0・5秒後にそれは殺気となる。それを感知するには、単なる身体的抜力ではなく、心

（※3）加藤洋一 他「立禅の脳波および気分状態への作用」
第6回アジア国際健康促進・未病改善医学会 学術総会 2019年
（※4）ベンジャミン・リベット「マインド・タイム 脳と意識の時間」岩波書店 2005年

的抜力であるθ～α波の優勢発生×高電位発生に至る修行が絶対要件である。

またαアミラーゼの検討において、敵対者との攻防が如何にストレスフルであるかが示されている。これは、緊急事態に遭遇した際の心身の緊張の制御・緩和のノウハウのみならず、そのストレス・ダメージからの一早い回復の必要性を示すもので、やはり武術に関わる稽古として一連の修行が必要であることの証左であろう。

④予想通り、修練内容を重ね、かつ長期にわたるほど、θ～Slow-α域の賦活が見られる。武術や瞑想の修練による脳波のコントロールは、個がシューマン共振周波数と同調して地球と共振・共鳴するノウハウとなるのではないか。武術における「先の先」の感知能力、あるいは己を俯瞰して見る状態や神意識を感応するといった「ゾーン」入域は、この脳波域のコントロールによるものである可能性を感じる。
別の表現をするならば、無意識～真意識に近いものの、意識を持った変性意識状態の惹起である。

はたまた、この脳波域であってようやく、量子力学的な波動（電磁波）に揺蕩《たゆた》う生体の心身反応の感知・感応をなすのかもしれない。

今回の測定は被験者3名のみによるものであり、これは検討の方向性を示すトライアル・テストであることを書き添える。今後、検討内容を改めて構築し、また被験者の数を増やし、どのような稽古体系が修行に効果的・効率的であるかの検討がなされることを期待する。

脳波測定で自分を知る

それでは最後に、橋本先生の解析結果と考察を踏まえて、私の見解を述べます。

まず、私に関してですが、いずれの状態であってもθ波が検出されるであろうと予想していましたが、予想通りにθ波が検出され私の身体の内部感覚と一致していることが確認できました。各々の優勢率は以下の通りでした。

◎瞑想（坐位）

β波21・1%、α3波1・6%、α2波16・1%、α1波27・7%、θ波25・0%

◎站椿功（立位）

β波41・1%、α3波2・2%、α2波23・8%、α1波15・0%、θ波15・0%

◎太極拳（前）

β波34・4%、α3波0・5%、α2波36・1%、α1波23・8%、θ波2・2%

◎太極拳（後）

β波22・2%、α3波1・6%、α2波43・3%、α1波21・6%、θ波10・0%

太極拳測定

太極拳の測定では、太極拳がストレス・コントロールに大きな効果があることが示された。

瞑想測定

瞑想は椅子に座った状態で測定。外見上の動きはなくとも、脳波には明確な変化が表れた。

攻守測定

直立した被験者へ向かって、様々な突き蹴り（寸止め）を繰り出す。ここでも著者の心身が硬直することはなかった。

站椿功測定

站椿における測定でも、自身の心身が高いレベルでリラックスできていることが確認できた。

メンタルトレーニングに適し、禅定三昧の間に優勢脳波として確認されるα2波（Mid-α波）、シューマン共振の第一次周波数である7・83Hzと対応するθ波とα波のグラデーションゾーンのα1波（Slow-α波）、θ波が検出されていることは良い兆候と判断してよいかと思います。

瞑想、站椿功、太極拳時の比較検討しますと、坐位での瞑想時にα1波とθ波の優勢率が最も高く、立位での站椿功時に最もβ波の優勢率が高く、β波41・1％とα波41％の優勢率がほぼ同じだったことが大変興味深く感じられます。

意拳の站椿功において、緊張と緩和のバランスが非常に重要で、外形は無重力状態で浮遊する際と同様に全ての関節が屈曲伸展のニュートラルな状態となり、重力と浮力を感じながら、内側は沸騰しているお湯、回っている独楽にたとえられる不動の動が体得された状態を理想とし、静中求動で行います。

太極拳前後の比較では、α波の三段階とθ波の全てが太極拳を行う前より後のほうが良い状態となり、唾液アミラーゼ検査のストレスレベルも著しく低下がみられました。

最後の相手の攻撃に対して開眼時で交差法のイメージを行う際の脳波測定は、開眼で

岡部武央 脳波測定結果

瞑想

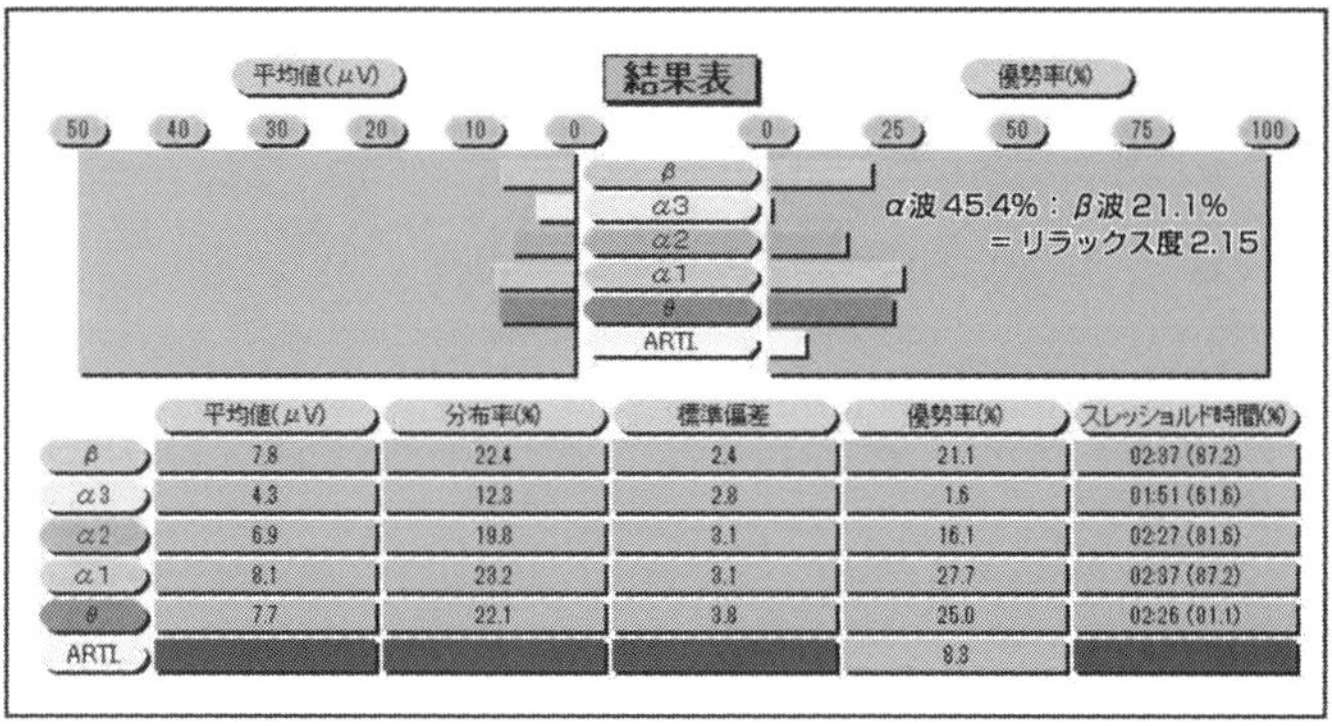

	平均値(μV)	分布率(%)	標準偏差	優勢率(%)	スレッショルド時間(%)
β	7.8	22.4	2.4	21.1	02:37 (87.2)
α3	4.3	12.3	2.8	1.6	01:51 (61.6)
α2	6.9	19.8	3.1	16.1	02:27 (81.6)
α1	8.1	23.2	3.1	27.7	02:37 (87.2)
θ	7.7	22.1	3.8	25.0	02:26 (81.1)
ARTI				8.3	

ARTI の優勢率のうち、4.4% ほどは開始時の脳波安定に至るまでのタイムラグである。シューマン共振の一次周波数域（7.83Hz）が、見事に優勢発生している。

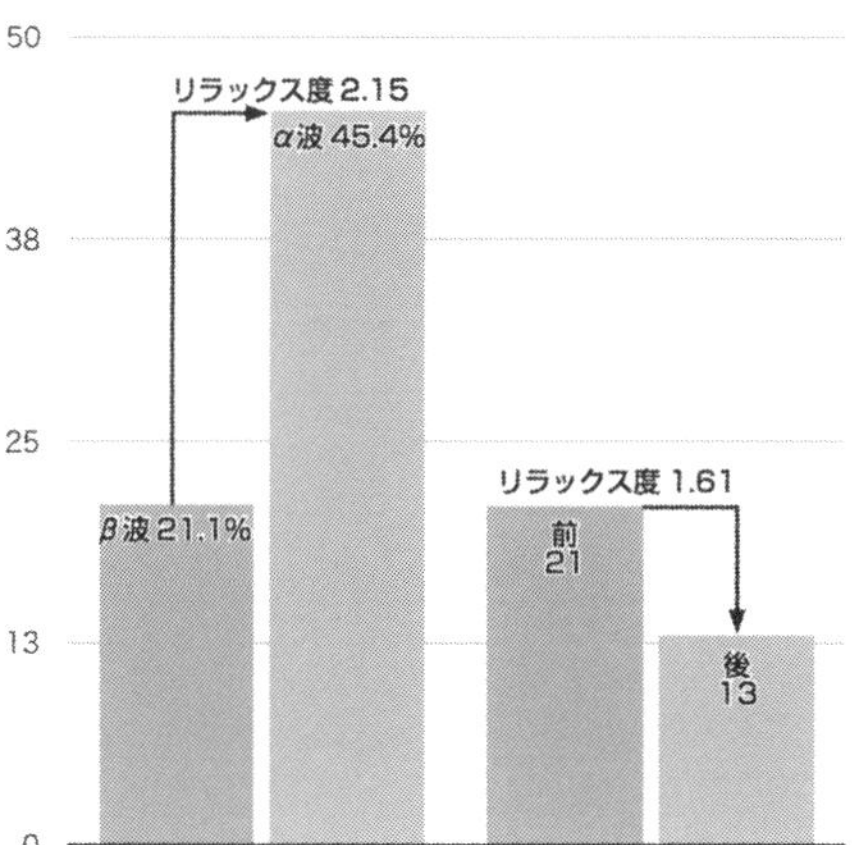

站樁功

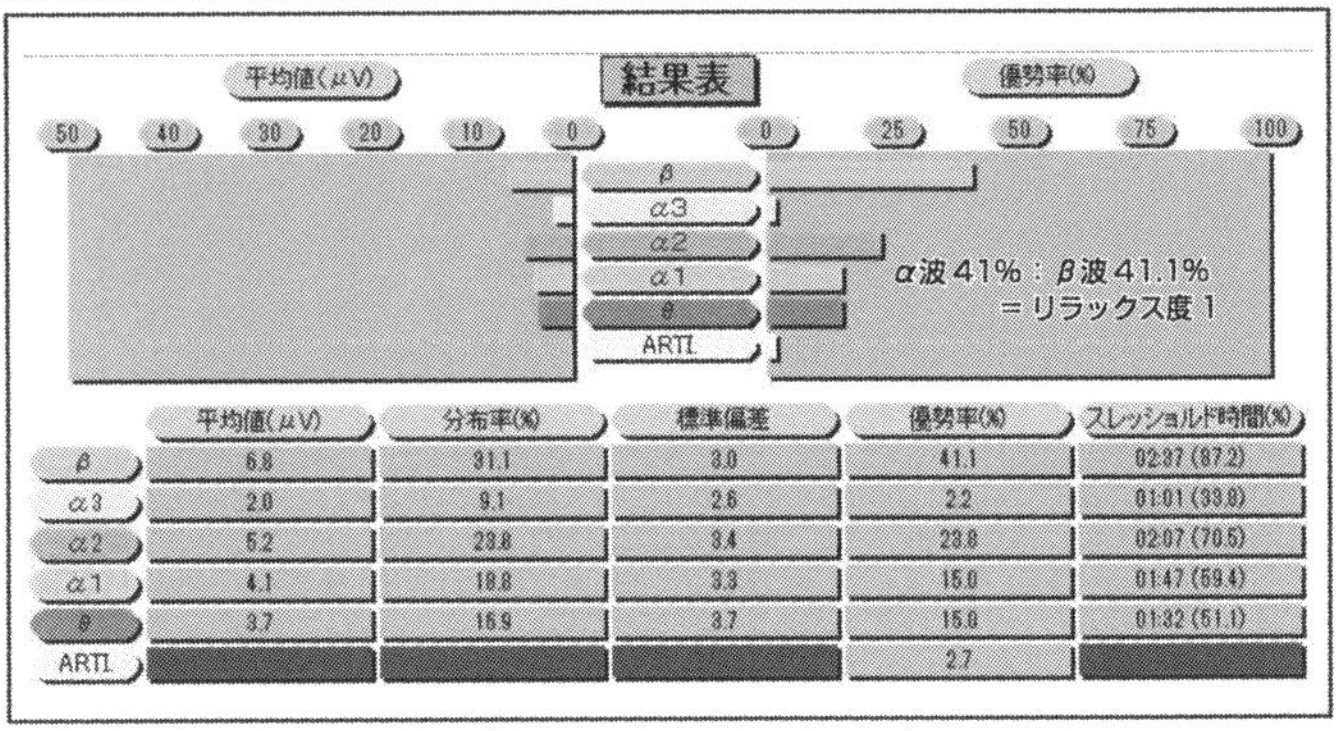

	平均値(μV)	分布率(%)	標準偏差	優勢率(%)	スレッショルド時間(%)
β	6.8	31.1	3.0	41.1	02:37 (87.2)
α3	2.0	9.1	2.6	2.2	01:01 (33.8)
α2	5.2	23.8	3.4	23.8	02:07 (70.5)
α1	4.1	18.8	3.3	15.0	01:47 (59.4)
θ	3.7	16.9	3.7	15.0	01:32 (51.1)
ARTI				2.7	

站樁功の一定の姿勢を維持する反応として、β波が確認される。それに対してβ波の緊張に引きづられることなく、θ～α波域が活性して脳の緊張は緩和されている。

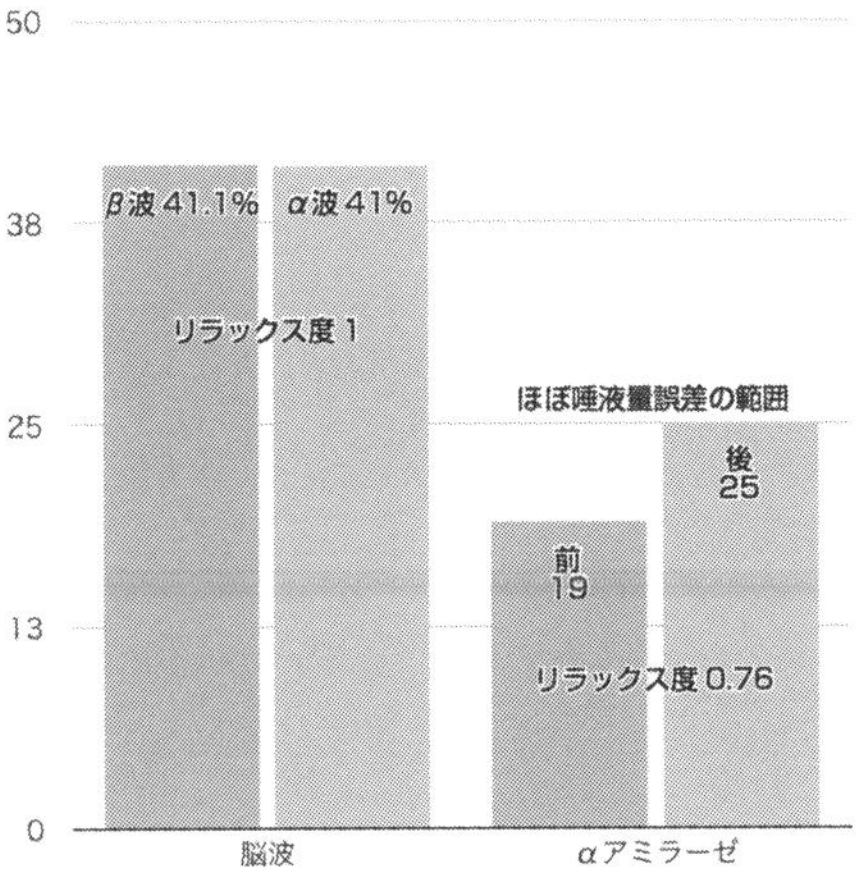

太極拳

(前)

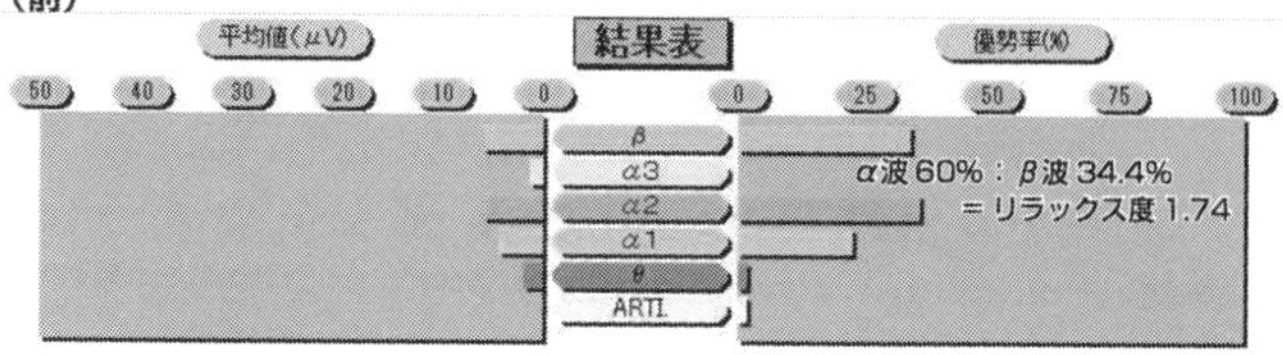

	平均値(μV)	分布率(%)	標準偏差	優勢率(%)	スレッショルド時間(%)
β	6.2	29.1	3.0	34.4	02:29 (82.7)
α3	1.9	8.9	2.6	0.5	01:00 (33.3)
α2	6.3	29.5	3.3	36.1	02:26 (81.1)
α1	4.9	23.0	3.4	23.8	02:02 (67.7)
θ	2.0	9.3	2.6	2.2	00:58 (32.2)
ARTI.				2.7	

(後)

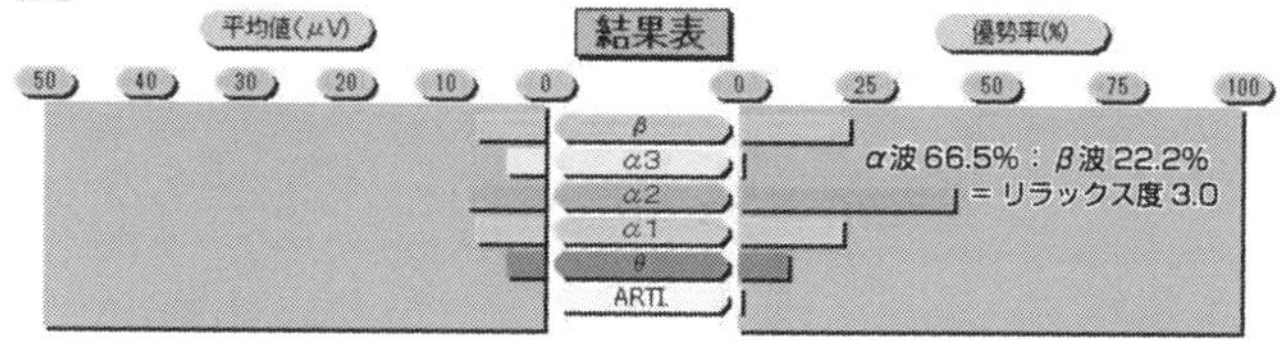

	平均値(μV)	分布率(%)	標準偏差	優勢率(%)	スレッショルド時間(%)
β	7.1	23.1	3.6	22.2	02:40 (88.8)
α3	4.2	13.6	3.7	1.6	01:49 (60.5)
α2	8.3	27.0	4.3	43.3	02:37 (87.2)
α1	7.0	22.8	4.3	21.6	02:28 (82.2)
θ	4.1	13.3	5.3	10.0	01:23 (46.1)
ARTI.				1.1	

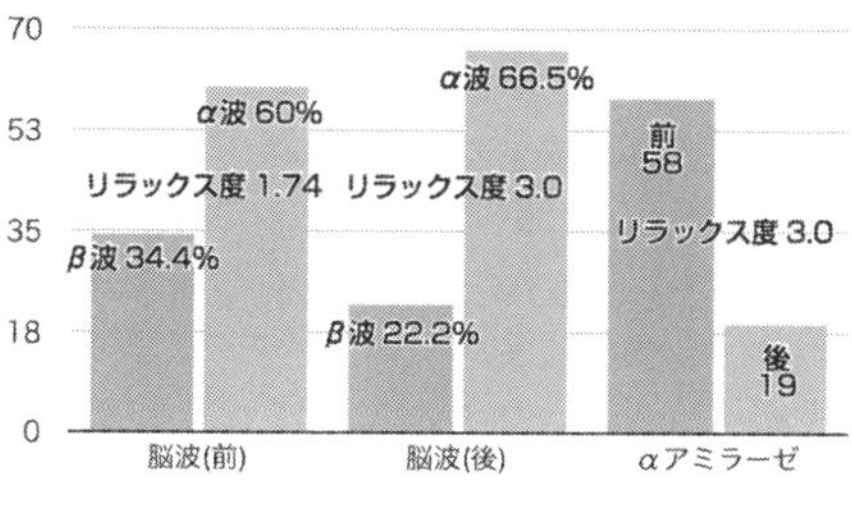

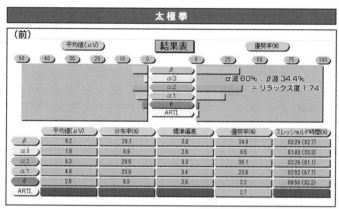

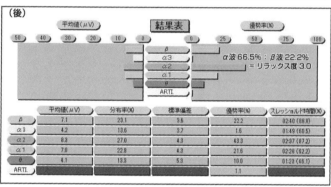

攻　守

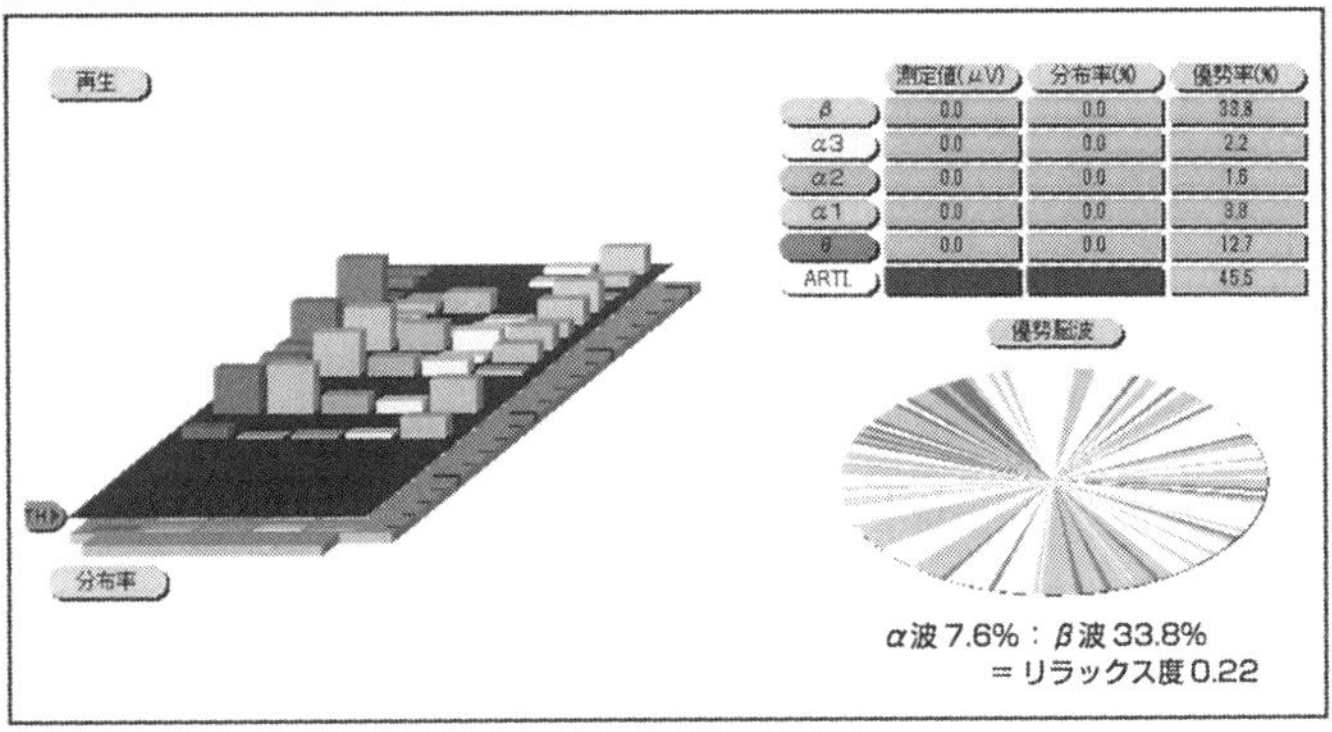

開眼で測定しているため、ARTI が多く他のデータのようなグラフ化ができなかったが、ARTI の後にβ波が 出ていることから反射的に攻撃を見極めようとしている眼球の動き、もしくは肉体の反射反応が考えられる。これは唾液量が少なすぎてαアミラーゼが測定できなかった、つまり終了後に格段に減少していることから、交感神経亢進作用によるいわゆる口渇が起きていることと符合する。しかし、特筆すべきは開眼でありながらθ波が多く出現している点、また電位μ V が高く出現している点である。要は、共振周波数域が強く出現している。つまり三次元的な肉体反応だけでなく、高次の共振周波数域を感応した反応を示している可能性を示唆しているのではなかろうか。

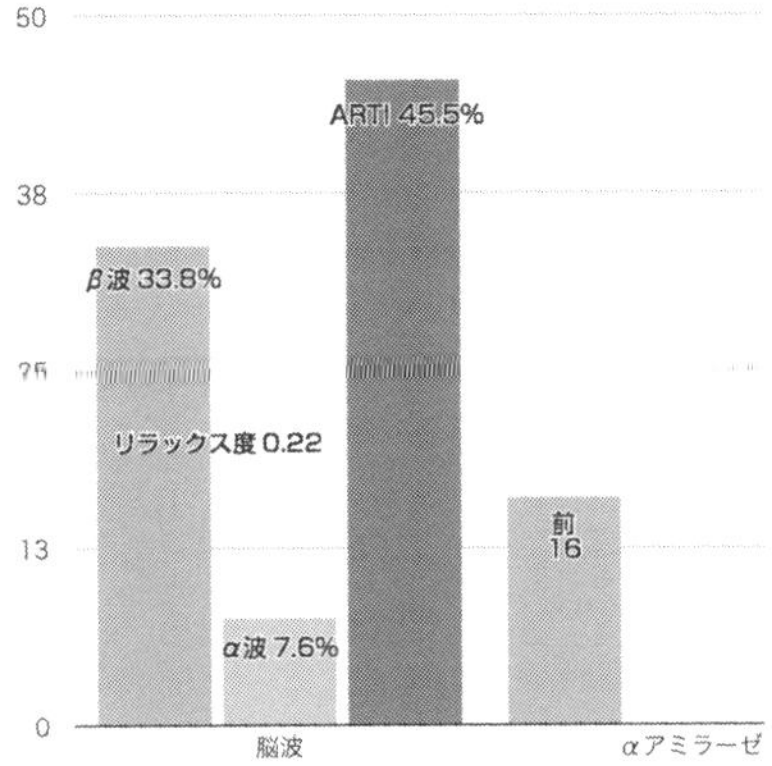

【鈴木敏文 測定結果】

瞑想では非常にうまく脳波のコントロールができている。力みの抜きがうまいと言える。メンタル・ビルドアップ・システム®トレーニングでは、潜在意識へのインプットの指標として Mid- α波のレベルを重視するが、その場合のポイントは全体のうちの優勢発生率と電位 (μ V) の強さである。一般的に見られる平均値はおおよそ 9 μ V であるから、ここで見られた 17.9 μ V はメンタル・トレーニングに適している。ただし無防備に行うと、周囲のネガティヴなメッセージをインプットしてしまう可能性がある点に留意する必要がある。一定の姿勢を維持する站椿功においても、うまく力みの抜きができていると思われる。攻守では Mid- α波が低減した分、集中指標となるα 3（Fast α）と緊張指標のβ波の優勢度が増している。秒単位の数値を見ると、β波のμ V が高い。被験者の特徴として Mid- α波の優勢率が高いのだが、Mid- α波 : β波でみるとリラックス度は 0.59（緊張度 1.69）で、緊張による Mid- α波の抑制が起きている。αアミラーゼの過緊張数値にも、この反応が整合的に表れている。

【菅生堅太郎 測定結果】

太極拳では、本人は「ちゃんとできるか心配だった」と言っていたが、そのままにパフォーマンス前の緊張が高く、パフォーマンス後に「ホッ」とした様子がよくわかる。パフォーマンス中の緊張が、αアミラーゼのストレス度に表れている。攻守においては、完全に過緊張である。ARTI の裏はγ波かもしれない。時間の推移に伴い、心身ともに緊張の制御ができなくなっていると思われる。

行っているので眼球が動いただけでも測定不可となり、ＡＲＴＩの状態が45・５％になってしまい閉眼時のような測定はできませんでしたが、開眼でありながらもθ波が多く、電位uVが高く出現し、共振周波数が強く出現していることが確認できて大変有益な測定結果が得られました。

今回の脳波測定と唾液アミラーゼ検査を通じて、私自身の内部感覚と進むべき方向性の確認ができたことは予想以上の収穫となりました。

おわりに

本書を最後までお読みいただきまして、誠にありがとうございました。

今から約33年前の18歳の時、大日本講武会中国拳法師範（現・躾道館首席師範）の小林直樹先生と立ち合い、交差法で迎撃されたことに衝撃を受けて弟子入りしました。そして5年半前より、櫻公路一顱先生から小林先生に受け継がれた嫡流真伝中国正派拳法を伝承していくことを念頭に置くようになりました。本書でその一端をご紹介でき、嬉しく思っております。

また、NHK番組『明鏡止水　四の段』で披露した交差法の反響も受け、BABジャパン映像部・山下卓氏企画のDVD『交差法の極意』が本書発刊に先立ってリリースされましたので、そちらも合わせて観ていただくとより理解が深まると思います。

最後に、『月刊秘伝』編集部の大塚義彦氏に毎回、原稿チェックから撮影、編集作業と1年以上にわたってご尽力いただき、連載全12回と特別編を完遂できました。企画出版部の森口敦氏には、企画の段階から書籍化に至るまでお導きいただいたことに感謝致します。

本書の内容が、読者の皆様が実践される武道・武術でお役に立てることを心より願っております。

著者◎岡部 武央 おかべ たけひさ

1972年生まれ。総合武道研究会玄武館会長。中学1年より空手道、琉球古武術を学ぶ。のちに易筋経、嫡流真伝中国正派拳法、太氣至誠拳法、九十九式太極拳を修める。1998年、第1回世界散打搏擊選手権64キロ級チャンピオンとなる。さらに禅密功、回族心意六合拳、山西派宋氏形意拳、楊家太極拳の要訣を学ぶ。2022年、NHK『明鏡止水～武のKAMIWAZA～』に出演し、交差法の実演に大反響。九十九式太極拳の会・代表師範。躾道館師範。合気柔術逆手道師範。代表作として書籍『武術で勝つ瞑想法』（BABジャパン）、DVD『内なる力で戦う 九十九式太極拳の実戦用法』（BABジャパン）がある。

総合武道研究会玄武館
https://sogobudoukenkyukaigenbukan.jimdofree.com/

本文デザイン●澤川美代子
装丁デザイン●やなかひでゆき

◎本書は、武道・武術の専門誌『月刊秘伝』2022 年 8 月号～ 2023 年 7 月号に連載された「交差法真伝」、及び 2023 年 9 月号に掲載された特別編をもとに再構成し、単行本化したものです。

瞬決の極意！「交差法」完全本

“ 攻防一体 ” 武術のクロスカウンター

2023 年 10 月 10 日　初版第 1 刷発行

著　者　　岡部武央
発行者　　東口敏郎
発行所　　株式会社 BAB ジャパン
〒 151-0073 東京都渋谷区笹塚 1-30-11　4・5F
TEL　03-3469-0135　　FAX　03-3469-0162
URL　http://www.bab.co.jp/
E-mail　shop@bab.co.jp
郵便振替 00140-7-116767
印刷・製本　　中央精版印刷株式会社

ISBN978-4-8142-0573-8 C2075